Vendendo como um herói: desperte sua coragem e supere desafios nas vendas

I0422837

APRESENTAÇÃO

É com grande entusiasmo que compartilho a minha paixão pelos arquétipos, mais precisamente pelo uso dos arquétipos em narrativas de vendas. Esta obra, em especial, que vai enfatizar o arquétipo do herói, intitulada **Vendendo como um herói: desperte sua coragem e supere desafios nas vendas**, foi cuidadosamente desenvolvida para fornecer a você conhecimentos práticos e acionáveis que impulsionarão suas vendas e resultados.

Como autor deste livro, tenho dedicado minha carreira à missão de humanizar empresas e ajudá-las a criar uma presença autêntica e significativa no mercado. Meu currículo como professor doutor na Universidade do Sul de Santa Catarina, aliado à minha experiência como estrategista na Agência SCONTIME e no Grupo Catarinense de Rádios, proporcionou-me a oportunidade de explorar as potencialidades das narrativas, dos arquétipos e das ferramentas mágicas, como a inteligência artificial.

Acredito profundamente no poder transformador das narrativas e na sua capacidade de envolver e encantar o público-alvo. Como pesquisador, concentrei meu doutorado em Ciências da Linguagem no estudo das narrativas de vendas com utilização de gatilhos mentais e na convergência digital, enquanto meu mestrado explorou a conexão entre storytelling e o imaginário social. Além disso, iniciei minha jornada acadêmica cursando bacharelado em Comunicação Social, com habilitação em Jornalismo, também na Universidade do Sul de Santa Catarina.

Jornalista por formação, acredito que o verdadeiro poder de um livro está na sua capacidade de se tornar uma ferramenta de transformação. Prepare-se para desbloquear seu potencial máximo e conquistar resultados extraordinários. Sempre que necessário farei referência para obras das mais diversas áreas.

No livro *O herói e o fora-da-lei: como construir marcas extraordinárias usando o poder dos arquétipos*, por exemplo, as autoras Margaret Mark e Carol Pearson são pontuais em estabelecer um mapa para gerenciar o significado das marcas.

Quando li essa obra para a minha tese de doutorado, extraí muitas coisas, um desses aprendizados nasceu da seguinte frase: "Em tempos cada vez mais espiritualistas, a coragem e a perseverança do herói podem ser promovidas como fatores necessários para a realização espiritual".

Fiquei me perguntando se essa espiritualidade poderia ser a própria potência humana e, assim, poderia o arquétipo direcionado para a ativação moldar novos heróis? Vou além. Minha tese abordou os arquétipos nas vendas. Poderia o arquétipo do herói ser ativado em vendedores e fazer com que eles vendessem como heróis? Você deve estar se perguntando agora se a resposta está aqui neste livro. Talvez por isso o tenha adquirido. Afinal, o título faz essa provocação. Mas eu gostaria de deixar esclarecido que a resposta está em você. É você vendedor que vai ativar o herói. Meu papel com esse livro será mostrar o mapa para essa jornada.

Será no dia a dia do universo das vendas que um caminho resplandecente se revelará para aqueles que ousarem trilhá-lo com bravura e determinação. Esse caminho, que vou chamar aqui de "O caminho do herói nas vendas", é uma jornada emocionante que convida cada vendedor a se tornar um protagonista em sua busca pelo sucesso. Espero que esteja comigo até o final e que possa depois me contar se o caminho foi alcançado.

Conte comigo nesta jornada de descobertas e crescimento. Vamos transformar sua visão em realidade e alcançar o sucesso que você merece!

Com entusiasmo,

Seu mentor nessa jornada,

Prof. Dr. Reginaldo Osnildo.

O CAMINHO E OS ATRIBUTOS DO HERÓI VENDEDOR

Nas profundezas do universo das vendas, um caminho resplandecente se revela para aqueles que ousam trilhá-lo com bravura e determinação. Esse caminho é uma jornada emocionante que convida cada vendedor a se tornar um verdadeiro protagonista em sua busca pelo sucesso.

Assim como nos contos épicos que inspiraram gerações, o caminho do herói nas vendas é repleto de desafios e obstáculos que testam a coragem, a resiliência e a capacidade de superação dos vendedores. Cada vendedor que embarca nessa jornada deve enfrentar seus próprios dragões internos - o medo do fracasso, a incerteza diante de adversidades e as dúvidas que tentam minar sua confiança.

No entanto, o verdadeiro herói das vendas encontra força em seu propósito e em sua paixão por oferecer soluções que transformem a vida dos clientes. Ele compreende que sua missão vai além de meras transações comerciais; é sobre criar conexões autênticas, suprir necessidades e despertar sorrisos de satisfação em cada cliente atendido.

Mas o caminho do herói nas vendas não se trata apenas de uma busca altruísta pelo bem dos clientes, mas também uma busca por autodescoberta e aprimoramento constante. O herói das vendas deve dominar suas habilidades de comunicação, a arte da persuasão e o conhecimento profundo de seu produto ou serviço. Ele deve estar preparado para se adaptar às mudanças do mercado e aprender com suas experiências, buscando crescimento e aperfeiçoamento em cada interação.

A sabedoria é uma aliada indispensável ao herói das vendas. Ele compreende que, assim como a trajetória dos grandes líderes e mentores, sua jornada é marcada por aprendizados e ensinamentos. O herói das vendas está aberto ao conhecimento, busca insights valiosos e compartilha suas experiências com colegas de equipe para que todos possam prosperar juntos.

Ao longo do caminho do herói nas vendas, a resiliência se revela como uma virtude essencial. As quedas e os obstáculos fazem parte do percurso, mas o verdadeiro herói se ergue com força renovada após cada revés. Ele sabe que é nas dificuldades que as maiores lições são aprendidas, e é com essa convicção que ele persiste em sua missão.

O entusiasmo e a paixão são a chama que impulsionam o herói das vendas a ir além de seus próprios limites. Ele contagia seus clientes e colegas com energia positiva, tornando cada interação não apenas uma transação, mas uma experiência memorável e enriquecedora para ambas as partes.

O caminho do herói nas vendas é uma jornada de autodescoberta, transformação e crescimento contínuo. Ele nos lembra que, apesar dos desafios, cada vendedor possui dentro de si o potencial para ser um herói em suas vendas e, com bravura, pode alcançar resultados extraordinários.

Ao embarcar nesta jornada, este livro se torna uma valiosa bússola, guiando você, vendedor, rumo ao ápice de suas habilidades, proporcionando insights e estratégias que o ajudarão a se destacar em sua carreira. Lembre-se, você é o protagonista dessa narrativa e o sucesso nas vendas aguarda por você no final do caminho do herói.

Não pense que estamos falando aqui de super-heróis dos filmes ou quadrinhos. Existe toda uma teoria narrativa e antropológica por trás das narrativas de heróis. Joseph Campbell, mitólogo, escreveu o livro *O herói de mil faces* e a obra trata dos heróis do cotidiano. No contexto da pesquisa que realizou, os heróis do cotidiano estavam presentes em narrativas míticas espalhadas por todos os continentes. Ele identificou um padrão comum em tais narrativas, apenas as faces mudavam. O objetivo era o mesmo: aceitar o desafio, enfrentá-lo e voltar vitorioso.

No âmago de todo grande vendedor reside um herói em potencial tão forte quanto os que deram vida aos mitos antigos, cujos atributos e habilidades extraordinárias são a chave para conquistar o coração e a mente dos clientes. Assim como os protagonistas das lendas, o herói vendedor é dotado de qualidades notáveis que o distinguem e o capacitam a enfrentar desafios com destemor e alcançar resultados excepcionais.

Coragem inabalável: O primeiro e mais notável atributo do herói vendedor é sua coragem inabalável. Ele enfrenta cada dia de vendas como uma aventura, sem temer o desconhecido e as possíveis dificuldades. A coragem do herói vendedor o impulsiona a abordar clientes em potencial com confiança, superar objeções com determinação e enfrentar os obstáculos com bravura. Ele compreende que a coragem é a força motriz que o guia rumo ao sucesso, permitindo-lhe ultrapassar os limites do comum e transformar cada desafio em uma oportunidade de crescimento.

Empatia e compaixão: O herói vendedor é um verdadeiro mestre na arte da empatia e da compaixão. Ele se coloca genuinamente no lugar do cliente, buscando compreender suas necessidades, desejos e preocupações. Essa habilidade de se conectar emocionalmente permite que o herói vendedor construa relacionamentos autênticos e significativos, transformando cada interação em uma experiência humana, e não apenas uma simples transação comercial.

Persuasão sutil e ética: Diferente do anti-herói, que busca manipular e enganar para alcançar seus objetivos, o herói vendedor utiliza a persuasão sutil e ética como sua arma secreta. Ele emprega argumentos fundamentados, evidências sólidas e histórias inspiradoras para cativar a mente dos clientes. O herói vendedor entende que a persuasão ética é baseada na confiança mútua e na transparência, criando laços duradouros com os clientes.

Conhecimento profundo e atualizado: O herói vendedor é um estudioso incansável de seu ofício. Ele investe tempo e dedicação para aprofundar seu conhecimento sobre o produto ou serviço que oferece, bem como sobre o mercado e as tendências relevantes. Esse conhecimento abrangente e atualizado é a base para oferecer soluções personalizadas e respostas precisas às necessidades dos clientes, demonstrando autoridade e credibilidade em suas interações.

Persistência e resiliência: O caminho do herói vendedor não é isento de desafios e adversidades. No entanto, seu espírito é marcado pela persistência e resiliência. O herói vendedor aprende com os fracassos, levanta-se após cada queda e mantém o foco em seus objetivos. Sua resiliência o impulsiona a seguir adiante mesmo diante de rejeições, transformando cada obstáculo em uma oportunidade para crescer e aprimorar suas habilidades.

Humildade e disposição para aprender: Embora dotado de habilidades extraordinárias, o herói vendedor é humilde e reconhece que sempre há algo novo a aprender. Ele está aberto a feedbacks, busca mentores e colegas para trocar experiências e está disposto a aprimorar suas habilidades constantemente. Sua busca incessante por crescimento e aprendizado é o que o torna um herói ainda mais poderoso nas vendas.

O herói vendedor não é um ser mitológico ou uma criação fantasiosa; ele é uma figura real e inspiradora que reside dentro de cada vendedor. Despertar o herói vendedor que existe em si é um ato de autodescoberta e autotransformação. Ao adotar e cultivar esses atributos, você, vendedor, estará preparado para conquistar o mercado, enfrentar as batalhas de vendas com coragem e alcançar resultados que irão além das expectativas. Seja o herói da sua própria história de vendas e deixe sua marca como um vendedor excepcional! Aventure-se, descubra o seu poder, conquiste o mercado e seja um verdadeiro herói nas vendas!

A CORAGEM INTERIOR PARA ENFRENTAR DESAFIOS

Em nossa jornada como vendedores, somos constantemente desafiados por situações que testam nossa coragem e determinação. Desde a abordagem inicial de um cliente em potencial até o enfrentamento de objeções difíceis, o caminho das vendas está repleto de obstáculos que podem despertar nossos medos e inseguranças. No entanto, é nesses momentos de desafio que temos a oportunidade de descobrir e nutrir nossa coragem interior, tornando-nos verdadeiros heróis de nossas próprias vendas.

Reconhecendo nossos medos: O primeiro passo para descobrir a coragem interior é reconhecer e aceitar nossos medos. Todos nós enfrentamos momentos de dúvida e receio, e isso é perfeitamente normal. Identificar nossos medos nos permite compreender melhor a origem deles e, assim, encontrar maneiras de enfrentá-los de forma eficaz. Encare seus medos de frente, pois é através do enfrentamento que começamos a construir nossa coragem.

Transformando medo em desafio: Ao invés de ver o medo como uma ameaça, devemos encará-lo como um desafio a ser superado. A coragem não é a ausência de medo, mas a disposição de seguir em frente mesmo diante dele. Transforme seus medos em desafios estimulantes e enxergue cada dificuldade como uma oportunidade para crescer e se fortalecer.

Estabelecendo metas realistas: Definir metas realistas e alcançáveis é fundamental para cultivar a coragem interior. Divida seus desafios em etapas menores e mais gerenciáveis, estabelecendo objetivos claros e alcançáveis em cada fase. À medida que você conquista essas pequenas vitórias, sua confiança aumenta e sua coragem se fortalece para enfrentar desafios maiores.

Aprendendo com a experiência: Cada desafio que enfrentamos nas vendas é uma oportunidade para aprender e evoluir. Independentemente do resultado, encare cada experiência como uma lição valiosa. Identifique os pontos em que você teve sucesso e os aspectos que podem ser melhorados. Aprendendo com cada experiência, você se torna mais resiliente e capaz de lidar com futuros desafios com mais confiança.

Buscando apoio e orientação: Não tenha receio de buscar apoio e orientação quando necessário. Compartilhar suas experiências com colegas de equipe ou mentores pode proporcionar uma visão externa que ajuda a superar desafios de forma mais eficiente. Além disso, trocar conhecimentos e vivências com outros vendedores pode ser uma fonte poderosa de inspiração e encorajamento.

Praticando o autocuidado: A coragem interior também é alimentada pelo autocuidado. Cuidar de si mesmo emocional, física e mentalmente é essencial para enfrentar desafios com clareza e resiliência. Reserve tempo para descanso, exercícios físicos, práticas de relaxamento e momentos de lazer. Um vendedor que se encontra bem consigo mesmo estará mais apto a enfrentar os desafios do cotidiano.

Visualizando o sucesso: A visualização é uma ferramenta poderosa para despertar a coragem interior. Antes de enfrentar um desafio, reserve um momento para visualizar-se com sucesso, alcançando seus objetivos e superando as dificuldades. A visualização positiva pode fortalecer sua determinação e motivá-lo a agir com confiança.

Descobrir a coragem interior para enfrentar desafios é uma jornada contínua e desafiadora, mas é o que nos torna verdadeiros heróis em nossas vendas. Cultivar essa coragem nos permite ultrapassar nossos próprios limites, alcançar resultados extraordinários e inspirar não apenas a nós mesmos, mas também nossos clientes e colegas de equipe. Lembre-se: a coragem não é um dom inato, mas uma habilidade que pode ser desenvolvida e aprimorada. Embarque nessa jornada de autodescoberta, enfrente seus desafios com bravura e se torne o herói de sua própria história nas vendas.

AS HABILIDADES ESSENCIAIS PARA O SUCESSO NAS VENDAS

Nas vendas, a diferença entre um vendedor comum e um verdadeiro campeão está nas habilidades que eles desenvolvem e aprimoram constantemente ao longo de suas carreiras. Para alcançar o sucesso e se destacar no competitivo mundo das vendas, é fundamental investir na formação de um conjunto abrangente de habilidades que vão além do conhecimento do produto ou serviço. Neste capítulo, exploraremos algumas das habilidades essenciais que todo vendedor deve desenvolver para se tornar um verdadeiro herói nas vendas.

Habilidade de comunicação efetiva: a habilidade de se comunicar de forma clara, assertiva e persuasiva é a base de todo vendedor bem-sucedido. Dominar a arte da comunicação permite que você estabeleça uma conexão autêntica com os clientes, transmita sua mensagem de forma convincente e compreenda as necessidades e desejos do público-alvo. Escutar atentamente e saber fazer as perguntas certas também são partes essenciais dessa habilidade, pois demonstram interesse genuíno pelos clientes e ajudam a identificar oportunidades de venda.

Empatia e inteligência emocional: desenvolver a empatia e a inteligência emocional é crucial para se tornar um vendedor excepcional. Essas habilidades permitem que você compreenda as emoções e perspectivas dos clientes, adaptando-se a suas necessidades específicas e demonstrando uma preocupação genuína em ajudá-los. A empatia também é fundamental para lidar com objeções e resolver conflitos de forma sensível e respeitosa.

Negociação e persuasão: ser um bom negociador é uma

das habilidades mais valiosas para qualquer vendedor. A capacidade de negociar com habilidade permite que você alcance acordos vantajosos para ambas as partes, criando um cenário de ganha-ganha nas negociações. Saber persuadir os clientes de forma ética e convincente é igualmente importante, utilizando argumentos sólidos e benefícios claros para despertar o interesse e a confiança dos clientes.

Gestão do tempo e organização: em um ambiente de vendas dinâmico e acelerado, a gestão do tempo e a organização são habilidades essenciais para maximizar a produtividade. Estabelecer prioridades, criar uma rotina eficiente e utilizar ferramentas de produtividade ajudam a otimizar o tempo e garantir que as atividades mais importantes sejam realizadas no momento certo.

Resolução criativa de problemas: os desafios fazem parte do cotidiano de um vendedor, e a habilidade de resolver problemas de forma criativa e eficaz é crucial para superá-los. Desenvolva uma mentalidade voltada para a solução, buscando alternativas inovadoras e abordagens diferentes para lidar com os desafios que surgirem em seu caminho.

Autoconfiança e resiliência: a autoconfiança é alicerçada no conhecimento profundo de seu produto ou serviço, bem como em suas habilidades de vendas. Acreditar em si mesmo é fundamental para enfrentar rejeições e desafios com resiliência, pois você entenderá que cada obstáculo é uma oportunidade para aprender e crescer.

Estabelecimento de relacionamentos duradouros: uma das habilidades mais valiosas para um vendedor é a capacidade de estabelecer e manter relacionamentos duradouros com os clientes. Criar laços genuínos e baseados na confiança é a chave para a fidelização e para o crescimento de sua rede de clientes.

Aprendizado contínuo: por fim, o vendedor bem-sucedido reconhece que o aprendizado é um processo contínuo e está sempre em busca de aprimorar suas habilidades e conhecimentos. Mantenha-se atualizado sobre as tendências do mercado, novas técnicas de vendas e desenvolvimento pessoal para se manter sempre competitivo e preparado para enfrentar os desafios do futuro.

Desenvolver essas habilidades essenciais é o que torna um vendedor um verdadeiro herói nas vendas. O comprometimento em investir no aprimoramento contínuo de suas habilidades fará com que você se destaque, conquiste o mercado e alcance resultados extraordinários. Seja o protagonista de sua própria jornada de vendas, domine essas habilidades e escreva sua história de sucesso como um verdadeiro herói das vendas!

O PODER DA MENTALIDADE HERÓICA

A mentalidade heroica é a chave que abre as portas para o sucesso nas vendas e nos impulsiona além dos limites do comum. Essa poderosa mentalidade é o que separa os vendedores medianos dos verdadeiros campeões, permitindo que estes últimos enfrentem desafios com coragem, determinação e resiliência. Neste capítulo, exploraremos o poder transformador da mentalidade heroica e como cultivá-la para se tornar um vendedor excepcional.

Visão além do horizonte: a mentalidade heroica nos capacita a enxergar além do horizonte e a sonhar grande. Ela nos inspira a estabelecer metas ambiciosas e acreditar que somos capazes de alcançá-las. O herói das vendas não se limita pelas circunstâncias atuais; ele é movido por uma visão clara e inspiradora do que pode ser alcançado no futuro.

Superação de limitações: uma das características marcantes da mentalidade heroica é a capacidade de superar limitações, sejam elas internas ou externas. O herói vendedor não se deixa abater por fracassos anteriores ou por crenças limitantes. Ele acredita em seu potencial e está disposto a se esforçar para alcançar o sucesso, mesmo diante de desafios aparentemente intransponíveis.

Aceitação dos desafios: o herói das vendas não foge dos desafios; ele os abraça de peito aberto. A mentalidade heroica nos ensina a ver os desafios como oportunidades para crescimento e aprendizado. Cada obstáculo é encarado como um teste de nossa coragem e determinação, e é através desses desafios que nos tornamos mais fortes e preparados para enfrentar o que vier pela frente.

Resiliência inabalável: a resiliência é uma característica inerente à mentalidade heroica. O herói vendedor entende que os altos e baixos fazem parte da jornada de vendas e que é preciso persistir mesmo diante das adversidades. Ele se levanta após cada queda, aprende com suas experiências e segue em frente com uma determinação inabalável.

Foco no autodesenvolvimento: a mentalidade heroica nos motiva a buscar constantemente o autodesenvolvimento. O herói vendedor está sempre em busca de aprimorar suas habilidades, adquirir novos conhecimentos e crescer tanto pessoalmente quanto profissionalmente. Ele entende que, para alcançar resultados extraordinários, é necessário estar em constante evolução.

Responsabilidade e proatividade: o herói das vendas assume a responsabilidade por suas ações e resultados. Ele não espera por circunstâncias favoráveis ou por soluções prontas; em vez disso, toma a iniciativa e busca ativamente maneiras de superar desafios e alcançar seus objetivos. A mentalidade heroica nos ensina que somos os criadores de nossa própria história e que temos o poder de influenciar positivamente o curso de nossas vendas.

Gratidão e humildade: apesar de sua determinação e ambição, o herói vendedor mantém a gratidão e a humildade em seu coração. Ele reconhece a importância das conexões humanas, valoriza cada cliente e colega de equipe e demonstra apreço pelas oportunidades que a vida e a carreira de vendas lhe proporcionam.

Inspirando outros ao sucesso: a mentalidade heroica não é egoísta; ela inspira e motiva outros ao sucesso. O herói das vendas busca compartilhar seus conhecimentos e experiências com colegas de equipe, capacitando-os a alcançar resultados extraordinários também. Ele entende que seu sucesso é ampliado quando ajuda os outros a trilharem o caminho do sucesso.

Cultivar a mentalidade heroica é um processo contínuo que exige autodisciplina e determinação. Ao adotar essa mentalidade, você se torna o protagonista de sua própria jornada de vendas, enfrentando desafios com coragem, buscando o crescimento constante e inspirando outros ao sucesso. Lembre-se: a mentalidade heroica não é exclusiva de alguns privilegiados, mas está ao alcance de cada vendedor que está disposto a abraçar sua coragem interior e se tornar um verdadeiro herói nas vendas.

A MENTALIDADE VENCEDORA PARA ALCANÇAR OBJETIVOS AUDACIOSOS

A mentalidade vencedora é um fator determinante para o sucesso nas vendas e para alcançar objetivos audaciosos. É a crença inabalável de que é possível superar desafios, conquistar resultados extraordinários e se destacar como um vendedor excepcional. Neste capítulo, exploraremos como adotar uma mentalidade vencedora e como ela pode impulsionar você a alcançar novos patamares de sucesso em sua carreira de vendas.

Acreditar na possibilidade do sucesso: a base da mentalidade vencedora é a crença inabalável na possibilidade do sucesso. O vendedor com mentalidade vencedora acredita que é capaz de alcançar seus objetivos, mesmo que eles pareçam desafiadores ou distantes. Essa crença fortalece sua determinação e o impulsiona a perseverar mesmo diante de obstáculos.

Definir objetivos audaciosos: a mentalidade vencedora nos inspira a definir objetivos audaciosos e inspiradores. O vendedor com essa mentalidade entende que metas ousadas exigem esforços extraordinários, mas também trazem recompensas excepcionais. Ele não teme sonhar grande e traçar um plano detalhado para alcançar suas aspirações mais ousadas.

Transformar obstáculos em oportunidades: enquanto alguns podem ver obstáculos como barreiras intransponíveis, o vendedor com mentalidade vencedora os enxerga como oportunidades para crescer e se superar. Ele aprende com cada desafio, utiliza as experiências passadas como base para novas estratégias e mantém-se resiliente mesmo diante de adversidades.

Encarar o fracasso como um aprendizado: a mentalidade vencedora permite que o vendedor encare o fracasso como uma oportunidade de aprendizado. Em vez de se desanimar com rejeições ou resultados insatisfatórios, ele analisa suas ações, identifica pontos de melhoria e transforma cada experiência em um trampolim para o sucesso futuro.

Persistência e determinação: o vendedor com mentalidade vencedora possui uma determinação inabalável. Ele não desiste diante dos primeiros sinais de dificuldade; ao contrário, persiste com coragem e otimismo. Sua resiliência é alimentada pela visão clara de seus objetivos e pela convicção de que cada esforço conta para alcançá-los.

Foco nas soluções, não nos problemas: enquanto alguns se concentram nos problemas, o vendedor com mentalidade vencedora mantém o foco nas soluções. Ele busca abordagens criativas e proativas para enfrentar desafios e encontrar oportunidades de crescimento. Essa mentalidade orientada para a solução o torna mais eficaz e produtivo em sua carreira de vendas.

Autoconfiança e autoestima positiva: acreditar em si mesmo e cultivar uma autoestima positiva são pilares da mentalidade vencedora. O vendedor com essa mentalidade reconhece suas habilidades, valoriza suas conquistas e mantém-se confiante mesmo diante de momentos de incerteza.

Busca por desenvolvimento contínuo: a mentalidade vencedora nos impulsiona a buscar desenvolvimento contínuo e aprimoramento de nossas habilidades. O vendedor com essa mentalidade está sempre em busca de oportunidades para aprender, crescer e se destacar em sua área de atuação.

Ao adotar uma mentalidade vencedora, você se torna o autor de sua própria história de sucesso nas vendas. Essa mentalidade poderosa o capacita a enfrentar desafios com confiança, a buscar resultados audaciosos e a inspirar os outros com sua determinação e sucesso. Lembre-se de que a mentalidade vencedora não é uma característica inata, mas uma escolha consciente que você pode fazer a qualquer momento. Cultive essa mentalidade, mantenha o foco em seus objetivos e siga em frente rumo ao sucesso com a coragem e a determinação de um verdadeiro vencedor nas vendas.

SUPERANDO O MEDO DA REJEIÇÃO E DAS ADVERSIDADES

O medo da rejeição e das adversidades é uma das barreiras mais significativas que os vendedores enfrentam em suas carreiras. Essa sensação de receio pode se originar de experiências passadas, do temor de fracassar ou de não ser bem recebido pelos clientes. No entanto, superar esse medo é essencial para se tornar um vendedor de sucesso. Neste capítulo, exploraremos estratégias poderosas para lidar com o medo da rejeição e das adversidades, capacitando-o a enfrentar esses desafios com coragem e determinação.

Reconhecendo a origem do medo: o primeiro passo para superar o medo da rejeição e das adversidades é reconhecer sua origem. Compreender quais experiências ou crenças estão alimentando esse medo permite que você trabalhe em direção à sua superação. Muitas vezes, o medo tem raízes em experiências passadas que não refletem necessariamente a realidade presente ou futura. Ao identificar essas origens, você pode começar a questionar sua validade e tomar medidas para enfrentá-las.

Transformando o medo em motivação: uma abordagem poderosa para lidar com o medo é transformá-lo em motivação. Em vez de permitir que o medo o paralise, utilize-o como uma força propulsora para agir com determinação e proatividade. Visualize os resultados positivos que você pode alcançar, caso supere o medo, e mantenha esse cenário inspirador em sua mente enquanto se prepara para as interações com os clientes.

Praticando a resiliência: a rejeição e as adversidades fazem parte da jornada de vendas. Entender que nem todas as situações serão bem-sucedidas é fundamental para desenvolver a resiliência. A resiliência nos permite enfrentar os reveses com coragem e aprender com cada experiência. Em vez de se abater pela rejeição, use-a como uma oportunidade para identificar áreas de melhoria e crescer como vendedor.

Abraçando a autenticidade: um dos maiores medos dos vendedores é não serem aceitos ou compreendidos pelos clientes. A autenticidade é uma poderosa aliada para superar esse medo. Ao ser genuíno em suas interações com os clientes, você cria uma conexão mais profunda e autêntica. Mostre-se como um profissional confiante, mas também humano, capaz de entender e se relacionar com as necessidades e desafios dos clientes.

Separando o "Eu" do "Não": é importante separar a rejeição ou as adversidades das suas próprias valorações pessoais. Lembre-se de que, quando um cliente recusa uma oferta ou manifesta objeções, não é uma rejeição a você como indivíduo. Em vez de internalizar negativamente as respostas negativas, veja-as como parte do processo de vendas e como oportunidades para aprimorar suas abordagens.

Adotando uma mentalidade de aprendizado: abraçar uma mentalidade de aprendizado contínuo é fundamental para superar o medo da rejeição e das adversidades. Cada interação com clientes, seja bem-sucedida ou não, pode proporcionar insights valiosos. Encare cada experiência como uma oportunidade de aprendizado e crescimento, buscando melhorar suas habilidades e estratégias a cada nova interação.

Buscando apoio e feedback: não hesite em buscar apoio e feedback de colegas de equipe ou mentores. Ter alguém com quem compartilhar suas experiências e angústias pode fornecer uma perspectiva externa valiosa e oferecer conselhos para enfrentar situações desafiadoras. Além disso, receber feedback construtivo permite que você identifique áreas de melhoria e tome medidas para aprimorar sua abordagem.

Celebrando suas conquistas: ao enfrentar o medo da rejeição e das adversidades, é importante lembrar-se das suas conquistas. Celebre cada vitória, mesmo que seja pequena, e reconheça seu progresso contínuo. Cultivar uma mentalidade de gratidão e apreciação por suas realizações fortalece sua autoestima e confiança, o que é essencial para enfrentar futuros desafios com mais resiliência.

Superar o medo da rejeição e das adversidades é um processo de autodescoberta e autodesenvolvimento. Lembre-se de que é normal sentir medo em algumas situações, mas o que importa é como você decide enfrentá-lo. Cultive a coragem interior, confie em suas habilidades e abrace cada desafio como uma oportunidade para crescer e se tornar um vendedor ainda mais excepcional. Com dedicação e determinação, você pode superar o medo e alcançar resultados extraordinários em sua carreira de vendas.

A JORNADA DO CLIENTE E DO HERÓI

Assim como os heróis das lendas e mitologias, os clientes embarcam em uma jornada repleta de desafios, descobertas e transformações ao longo de sua experiência de compra. O vendedor, por sua vez, desempenha um papel crucial nessa jornada, assumindo o papel de guia e aliado do cliente em busca do sucesso. Neste capítulo, exploraremos a fascinante analogia entre a jornada do cliente e do herói, compreendendo como o vendedor pode se tornar um verdadeiro herói para seus clientes e conduzi-los ao êxito.

O chamado à aventura: assim como o herói é convocado a uma aventura que mudará sua vida, o cliente também enfrenta uma chamada à ação quando percebe uma necessidade ou desejo a ser atendido. O vendedor, neste momento, exerce o papel do mentor, apresentando soluções e despertando a consciência do cliente sobre a oportunidade que se apresenta.

O conhecimento do desconhecido: à medida que o herói parte em sua jornada, ele enfrenta o desconhecido e entra em territórios inexplorados. O cliente, ao considerar a compra, pode se sentir inseguro ou ansioso sobre as decisões a serem tomadas. Nesse estágio, o vendedor desempenha o papel de guia, fornecendo informações detalhadas, esclarecendo dúvidas e demonstrando o valor do produto ou serviço.

Enfrentando desafios e obstáculos: durante sua jornada, o herói enfrenta desafios e obstáculos que testam sua coragem e determinação. Da mesma forma, o cliente pode se deparar com objeções, preocupações financeiras ou dúvidas sobre a viabilidade da compra. O vendedor, como aliado, deve ajudar o cliente a superar esses desafios, oferecendo argumentos persuasivos, soluções criativas e demonstrando empatia para entender e resolver suas preocupações.

A transformação e o crescimento: à medida que o herói enfrenta os desafios e aprende lições valiosas, ele passa por uma transformação pessoal e cresce como indivíduo. Da mesma forma, a jornada do cliente é marcada por uma evolução, pois ele busca uma solução que satisfaça suas necessidades e aspirações. O vendedor, nesse estágio, deve ser capaz de adaptar-se ao ritmo do cliente, compreender suas mudanças de perspectiva e ajustar sua abordagem conforme a jornada avança.

O retorno triunfante: após conquistar seus objetivos e superar os desafios, o herói retorna triunfante, transformado por sua jornada. Para o cliente, o momento de fechamento da compra representa sua própria vitória, a conquista de uma solução que atende suas expectativas e necessidades. O vendedor, nessa etapa, celebra junto com o cliente, reforçando o valor da decisão tomada e garantindo que o pós-venda seja igualmente excepcional.

O legado do herói: na mitologia, os heróis deixam um legado que inspira as gerações futuras. Da mesma forma, o cliente satisfeito se torna uma fonte de referência para outros potenciais clientes, compartilhando sua experiência positiva e recomendando o vendedor como um verdadeiro herói das vendas. O vendedor, então, compreende que sua jornada como guia e aliado não termina com a venda, mas é uma jornada contínua de fidelização e construção de relacionamentos duradouros.

Ao compreender a jornada do cliente sob a perspectiva do herói, o vendedor se coloca no papel de protagonista da narrativa de vendas, com a responsabilidade de guiar, apoiar e oferecer soluções que transformem a jornada do cliente em uma história de sucesso. A jornada do cliente e do herói é uma parábola emocionante e inspiradora para todos os vendedores, demonstrando a importância de se tornar um verdadeiro herói para os clientes, conduzindo-os com coragem, empatia e excelência para alcançarem seus objetivos e construírem uma parceria duradoura.

O MÉTODO STORYBRAND

UM PERSONAGEM

O QUE ELE QUER?

TEM UM PROBLEMA   EXTERNO

VILÃO

INTERNO   FILOSÓFICO

E ENCONTRA UM GUIA

EMPATIA   AUTORIDADE

QUE O AJUDA A EVITAR O FRACASSO

QUE TEM UM PLANO

CHAMADA DIRETA À AÇÃO

PROCESSO   CONCORDÂNCIA   E O CHAMA PARA AGIR

CHAMADA TRANSITÓRIA À AÇÃO

QUE TERMINA EM SUCESSO   TRANSFORMAÇÃO DO PERSONAGEM

DE   PARA

Mapa feito a partir de *StoryBrand* de Donald Miller

MAPEANDO A JORNADA DO CLIENTE PARA CRIAR CONEXÕES GENUÍNAS

Uma das chaves para se tornar um vendedor excepcional é compreender a jornada do cliente em sua totalidade. Mapear essa jornada é uma estratégia poderosa que permite ao vendedor criar conexões genuínas e significativas com seus clientes, estabelecendo uma relação de confiança e empatia ao longo de todo o processo de compra. Neste capítulo, exploraremos como mapear a jornada do cliente e como utilizar esse conhecimento para construir relações duradouras e bem-sucedidas.

O primeiro contato: o mapeamento da jornada do cliente começa com o primeiro contato entre o cliente e o vendedor. É nesse momento crucial que o vendedor deve demonstrar interesse genuíno pelo cliente, ouvir atentamente suas necessidades e preocupações, e estabelecer as bases para uma relação de confiança desde o início. O foco deve estar em compreender as expectativas do cliente e em como o vendedor pode agregar valor às suas necessidades específicas.

Pesquisa e descoberta: nessa etapa, o vendedor se aprofunda na pesquisa e na descoberta das necessidades e desafios do cliente. Isso envolve fazer perguntas inteligentes, explorar as motivações do cliente e identificar oportunidades para oferecer soluções personalizadas. O vendedor deve estar preparado para escutar com empatia, compreender a perspectiva do cliente e apresentar informações relevantes que atendam às suas demandas específicas.

Identificação de soluções: com base nas informações coletadas, o vendedor deve identificar as melhores soluções para as necessidades do cliente. É fundamental apresentar opções claras e transparentes, destacando os benefícios e vantagens de cada solução proposta. Ao demonstrar o entendimento das necessidades do cliente, o vendedor fortalece o vínculo de confiança e mostra que está genuinamente interessado em oferecer a melhor solução possível.

A experiência de compra: a jornada do cliente não se limita à venda em si, mas inclui toda a experiência de compra. O vendedor deve assegurar que a experiência do cliente seja positiva e memorável em todos os pontos de contato, desde a apresentação das soluções até o pós-venda. Cada interação deve refletir a dedicação do vendedor em proporcionar uma experiência excepcional e alinhar-se com os valores e expectativas do cliente.

Acompanhamento e relacionamento contínuo: o mapeamento da jornada do cliente não se encerra na venda; ele inclui o acompanhamento e o relacionamento contínuo. O vendedor deve manter-se presente na vida do cliente, garantindo que suas necessidades estejam sendo atendidas e que ele esteja satisfeito com a solução adquirida. Manter uma comunicação proativa e genuína ajuda a construir uma conexão mais profunda e fortalece a relação de confiança ao longo do tempo.

Antecipando e superando expectativas: uma das melhores maneiras de criar conexões genuínas é antecipando e superando as expectativas do cliente. O vendedor proativo e atento às necessidades do cliente demonstra que está verdadeiramente comprometido em oferecer o melhor serviço possível. Surpreender o cliente com um atendimento excepcional, soluções personalizadas e cuidado genuíno gera uma impressão positiva duradoura e fideliza o cliente a longo prazo.

Feedback e aprendizado: o mapeamento da jornada do cliente é uma jornada contínua de aprendizado e aprimoramento. O vendedor deve buscar feedbacks e avaliações do cliente, para entender como pode melhorar e ajustar suas estratégias de acordo com as necessidades em constante evolução. Esse feedback valioso é uma fonte de insights para aprimorar a experiência do cliente e fortalecer as conexões genuínas.

Ao mapear a jornada do cliente, o vendedor se coloca no lugar do cliente, compreendendo suas necessidades, desafios e aspirações. Essa abordagem centrada no cliente permite ao vendedor criar conexões genuínas e significativas, baseadas em empatia, confiança e compreensão mútua. A jornada do cliente é uma oportunidade para o vendedor se tornar um verdadeiro aliado e guia para seus clientes, proporcionando soluções personalizadas e uma experiência de compra excepcional. Com essa abordagem, o vendedor se destaca como um profissional excepcional, construindo relacionamentos duradouros e bem-sucedidos que vão além da simples transação comercial.

SENDO O GUIA QUE OS CLIENTES PRECISAM PARA ENCONTRAR SOLUÇÕES

No universo das vendas, os clientes frequentemente enfrentam um mar de opções, decisões complexas e dúvidas sobre qual caminho seguir para alcançar suas metas. Nesse contexto, o papel do vendedor como guia é essencial para ajudá-los a navegar por essa jornada e encontrar as melhores soluções para suas necessidades. Neste capítulo, exploraremos como o vendedor pode se tornar um guia confiável e capacitado, oferecendo suporte, conhecimento e orientação aos clientes para que encontrem as soluções ideais.

Compreendendo as necessidades do cliente: o primeiro passo para ser um guia eficaz é compreender verdadeiramente as necessidades do cliente. Isso envolve ouvir atentamente suas demandas, fazer perguntas claras e empáticas e analisar suas expectativas e objetivos. Quanto mais o vendedor conhecer o cliente, mais precisa será sua orientação e indicação das soluções adequadas.

Domínio do conhecimento e do produto: para ser um

guia confiável, o vendedor deve ter um domínio sólido de seu conhecimento e dos produtos ou serviços que oferece. É essencial estar atualizado sobre as últimas tendências, características e benefícios das soluções disponíveis. Dessa forma, o vendedor pode fornecer informações precisas e relevantes, facilitando a tomada de decisão do cliente.

Apresentando opções claras e personalizadas: um guia habilidoso oferece opções claras e personalizadas que atendam às necessidades específicas do cliente. Cada cliente é único, e o vendedor deve ser capaz de adaptar suas recomendações com base nas preferências, no orçamento e nas metas individuais. Ao apresentar opções sob medida, o vendedor demonstra que está genuinamente comprometido em encontrar a melhor solução para cada cliente.

Esclarecendo dúvidas e objecções: durante a jornada do cliente, é natural que surjam dúvidas e objeções sobre as opções apresentadas. O guia atento se dedica a esclarecer todas as questões, fornecendo informações adicionais, mostrando evidências concretas e oferecendo argumentos persuasivos. Ele aborda as objeções de forma empática, demonstrando compreensão e fornecendo soluções que eliminem as preocupações do cliente.

Fornecendo orientação imparcial: um guia verdadeiro é imparcial em suas orientações, focando no interesse do cliente acima de tudo. Ele não empurra soluções desnecessárias ou inadequadas apenas para fechar uma venda. Pelo contrário, ele é transparente e honesto, destacando os prós e contras de cada opção e permitindo que o cliente tome a melhor decisão para suas necessidades.

Construindo confiança e relacionamento: a confiança é a base do relacionamento entre o guia e o cliente. O vendedor deve agir com integridade, cumprindo o que promete, honrando prazos e entregando resultados. Além disso, ele se mantém acessível e disponível para o cliente em todas as etapas da jornada, demonstrando que está comprometido em fornecer suporte contínuo.

Ajudando na implementação e pós-venda: o guia não abandona o cliente após a venda ser concretizada. Ele acompanha o cliente na implementação da solução, garantindo que tudo ocorra de forma tranquila e bem-sucedida. Além disso, mantém-se em contato no pós-venda, buscando feedback e oferecendo assistência adicional, se necessário. Esse acompanhamento reforça o valor do guia como um parceiro confiável e demonstra que ele está verdadeiramente comprometido com o sucesso do cliente.

Ser o guia que os clientes precisam para encontrar soluções é uma jornada contínua de aprendizado, empatia e dedicação. O vendedor que se posiciona como guia constrói relacionamentos duradouros e significativos, conquistando a lealdade dos clientes e criando um diferencial competitivo na indústria. Ao oferecer suporte, conhecimento e orientação genuínos, o guia habilidoso ajuda os clientes a trilharem o caminho para o sucesso, tornando-se um aliado valioso e confiável em sua jornada rumo ao alcance de seus objetivos.

O HERÓI NA ABORDAGEM DE VENDAS

No mundo das vendas, o vendedor desempenha um papel essencial como o herói da narrativa, guiando os clientes em sua jornada rumo à conquista de suas metas e necessidades. Assim como os heróis das lendas, o vendedor enfrenta desafios, busca soluções criativas e assume a responsabilidade de oferecer um serviço excepcional. Neste capítulo, exploraremos a importância do herói na abordagem de vendas e como os atributos do herói podem ser empregados para criar conexões genuínas e alcançar resultados extraordinários.

Coragem para o primeiro passo: assim como o herói enfrenta a chamada à aventura, o vendedor demonstra coragem ao dar o primeiro passo na abordagem de vendas. Ele supera quaisquer hesitações iniciais, confia em suas habilidades e se coloca à disposição para ajudar o cliente. A coragem do vendedor em iniciar o processo de vendas é fundamental para estabelecer uma conexão inicial e abrir caminho para a construção de um relacionamento significativo.

Empatia e compreensão: o herói não apenas enfrenta desafios, mas também compreende as necessidades e preocupações daqueles que ele protege. Da mesma forma, o vendedor deve ser empático e compreensivo com os clientes, ouvindo atentamente suas demandas e buscando enxergar o mundo através de sua perspectiva. A empatia permite ao vendedor criar uma abordagem personalizada e oferecer soluções que verdadeiramente atendam às necessidades do cliente.

Determinação para superar obstáculos: o caminho do herói é repleto de obstáculos, e o vendedor também encontra desafios em seu percurso de vendas. A determinação é essencial para superar objeções, contornar contratempos e persistir mesmo diante de dificuldades. O vendedor determinado não se abate com um "não" e vê cada desafio como uma oportunidade para aprimorar suas habilidades e estratégias.

Criatividade na solução de problemas: o herói muitas vezes precisa encontrar soluções criativas para enfrentar as situações adversas. Da mesma forma, o vendedor criativo é capaz de identificar soluções personalizadas e inovadoras para atender às necessidades do cliente. Ele está disposto a pensar fora da caixa, adaptar-se às circunstâncias e oferecer opções que se destaquem no mercado.

Responsabilidade e comprometimento: assim como o herói assume a responsabilidade de proteger e guiar os outros, o vendedor também assume o compromisso de oferecer um atendimento excepcional e soluções de qualidade. A responsabilidade do vendedor é honrar suas promessas, cumprir prazos e garantir que as expectativas do cliente sejam atendidas.

Resiliência em face da adversidade: o herói enfrenta momentos de adversidade, mas sua resiliência o mantém perseverante em sua missão. O vendedor resiliente não se deixa abalar por rejeições ou fracassos temporários, mas encontra forças para seguir em frente e aprender com cada experiência. A resiliência é um atributo valioso que permite ao vendedor se destacar e alcançar resultados excepcionais.

Celebração das conquistas: o herói celebra suas vitórias, e o vendedor também deve comemorar suas conquistas ao fechar uma venda ou alcançar resultados significativos. A celebração não apenas reforça a motivação do vendedor, mas também demonstra ao cliente que ele é valorizado e que a parceria é digna de comemoração.

Aliado e guia do cliente: o verdadeiro herói não é apenas um salvador, mas um aliado e guia daqueles que ele protege. Da mesma forma, o vendedor se posiciona como um aliado confiável e orientador para seus clientes. Ele está presente durante toda a jornada do cliente, oferecendo suporte, conhecimento e assistência em todas as etapas.

Ao incorporar os atributos do herói em sua abordagem de vendas, o vendedor se destaca como um profissional excepcional, capaz de criar conexões genuínas e alcançar resultados excepcionais. Ele não apenas vende produtos ou serviços, mas se coloca como um guia que ajuda os clientes a alcançarem seus objetivos e a encontrarem soluções personalizadas e bem-sucedidas. Com coragem, empatia, determinação e criatividade, o vendedor assume o papel do herói da narrativa de vendas, deixando uma impressão duradoura e construindo relacionamentos de confiança com os clientes.

CRIANDO UMA PRIMEIRA IMPRESSÃO MARCANTE E DURADOURA

A primeira impressão é um momento crucial na jornada de vendas. É nesse instante inicial que o vendedor tem a oportunidade de causar um impacto positivo e conquistar a atenção do cliente. Uma primeira impressão marcante e duradoura é a chave para estabelecer uma conexão significativa desde o início, o que pode fazer toda a diferença na construção de um relacionamento sólido e bem-sucedido. Neste capítulo, exploraremos estratégias poderosas para criar uma primeira impressão que perdure na mente do cliente e abra portas para uma parceria de sucesso.

Vestindo a armadura da confiança: a confiança é um dos pilares fundamentais para uma primeira impressão positiva. O vendedor deve vestir a armadura da confiança, apresentando-se com postura e linguagem corporal assertivas. Uma aparência profissional e um aperto de mão firme transmitem ao cliente que o vendedor é alguém confiável e capaz de cumprir suas promessas.

A importância da empatia: o cliente precisa sentir que está sendo ouvido e compreendido desde o primeiro momento. A empatia é uma habilidade essencial para criar essa conexão emocional. O vendedor deve demonstrar interesse genuíno nas necessidades do cliente, fazendo perguntas relevantes e mostrando-se disposto a entender sua perspectiva única.

Domine a arte da comunicação: a clareza e a eficácia na comunicação são essenciais para causar uma boa impressão. O vendedor deve falar com segurança e articulação, evitando jargões ou linguagem técnica excessiva. Comunicar-se de forma assertiva e persuasiva demonstra ao cliente que o vendedor tem domínio sobre o assunto e pode fornecer informações valiosas.

Sorria e seja carismático: um sorriso genuíno é uma ferramenta poderosa para criar uma primeira impressão positiva. Ele transmite simpatia, carisma e um ambiente acolhedor. Um vendedor carismático é capaz de cativar o cliente e tornar a interação mais agradável, facilitando a abertura para o diálogo e a exploração das necessidades do cliente.

Personalize a abordagem: cada cliente é único, e uma abordagem personalizada demonstra ao cliente que o vendedor valoriza sua individualidade. Conhecer o cliente pelo nome e mencionar detalhes relevantes da sua empresa ou histórico cria um ambiente de confiança e faz com que o cliente se sinta especial e atendido de forma exclusiva.

Ofereça valor desde o início: uma primeira impressão marcante vai além de uma simples saudação. O vendedor deve ser capaz de oferecer valor desde o início, apresentando informações ou insights que sejam relevantes e úteis para o cliente. Compartilhar conhecimento valioso e mostrar-se disposto a ajudar já no primeiro contato estabelece o tom para uma relação de confiança e reciprocidade.

Escute mais do que fale: uma primeira impressão duradoura também é resultado de uma escuta ativa. O vendedor deve dedicar mais tempo a ouvir o cliente do que a falar sobre si mesmo ou seus produtos. Isso permite ao vendedor entender as necessidades do cliente e identificar as melhores soluções, demonstrando que o interesse genuíno está em ajudar o cliente, não apenas em fazer uma venda.

Mostre entusiasmo e paixão: o entusiasmo contagia e gera uma atmosfera positiva. O vendedor deve mostrar paixão pelo que faz e pelas soluções que oferece. Transmitir entusiasmo é uma maneira poderosa de despertar o interesse do cliente e demonstrar que o vendedor acredita no valor do que está oferecendo.

Criar uma primeira impressão marcante e duradoura requer um equilíbrio cuidadoso entre habilidades interpessoais, conhecimento do produto e autenticidade. O vendedor que se apresenta com confiança, empatia, comunicação eficaz e uma dose saudável de carisma cria uma base sólida para construir um relacionamento significativo com o cliente. Uma primeira impressão positiva não é apenas um ponto de partida; é o alicerce para uma parceria de sucesso e para conquistar a confiança do cliente a longo prazo.

UTILIZANDO HISTÓRIAS E NARRATIVAS PARA ENVOLVER OS CLIENTES

As histórias têm sido uma ferramenta poderosa de comunicação ao longo da história da humanidade. Desde tempos imemoriais, as narrativas têm sido usadas para transmitir conhecimento, valores, emoções e ensinamentos. No contexto das vendas, as histórias desempenham um papel fundamental para envolver os clientes de forma significativa, tornando a abordagem mais memorável, emocional e persuasiva. Neste capítulo, exploraremos a arte de utilizar histórias e narrativas para criar conexões autênticas com os clientes e potencializar o poder de persuasão nas vendas.

A ciência das histórias: as histórias têm uma base científica sólida para envolver os seres humanos. Estudos mostram que, quando ouvimos histórias, nossos cérebros liberam hormônios como a oxitocina, que nos fazem sentir mais conectados e empáticos com os personagens da história. Ao utilizar narrativas em vendas, o vendedor pode ativar essa resposta emocional nos clientes, criando uma conexão profunda e duradoura.

Personagens e jornadas cativantes: toda boa história tem personagens cativantes e jornadas envolventes. No contexto das vendas, o cliente é o herói da história, e o vendedor é o guia que o ajuda em sua jornada rumo ao sucesso. Ao criar narrativas que colocam o cliente como protagonista, o vendedor pode despertar o interesse do cliente e gerar empatia com sua situação e necessidades.

Demonstrando valor com histórias de sucesso: histórias de sucesso são uma forma poderosa de demonstrar o valor das soluções oferecidas. Ao compartilhar casos de clientes anteriores que alcançaram resultados positivos graças ao produto ou serviço, o vendedor mostra ao cliente que as soluções propostas realmente funcionam na prática. Essas histórias autênticas e reais aumentam a credibilidade do vendedor e dão ao cliente uma visão concreta dos benefícios que ele pode obter.

Envolvendo o cliente em uma narrativa interativa: uma narrativa interativa envolve o cliente em um diálogo contínuo e estimulante. O vendedor pode fazer perguntas que levem o cliente a se envolver emocionalmente com a história e a visualizar como a solução proposta pode atender às suas necessidades. Essa abordagem envolvente torna o cliente parte ativa da narrativa, aumentando seu interesse e engajamento.

Emoção como ferramenta persuasiva: as histórias têm o poder de evocar emoções nos ouvintes. O vendedor pode utilizar essa emoção de forma estratégica para persuadir o cliente a tomar uma decisão. Ao criar histórias que despertam emoções positivas, como alegria, esperança e satisfação, o vendedor pode associar esses sentimentos à solução que está sendo oferecida, tornando-a mais atraente e desejável para o cliente.

Conexões culturais e valores compartilhados: histórias que abordam temas culturais ou valores compartilhados pelo vendedor e pelo cliente têm um impacto ainda maior. Essas narrativas criam uma conexão emocional profunda, pois demonstram que o vendedor compreende e se identifica com as crenças e desafios do cliente. Essa afinidade pode ser um fator decisivo na escolha do cliente por uma parceria duradoura.

Crie um arco narrativo persuasivo: uma história eficaz possui um arco narrativo persuasivo, com uma introdução envolvente, um desenvolvimento empolgante e uma conclusão satisfatória. O vendedor deve estruturar sua narrativa de forma a atrair a atenção do cliente logo no início, desenvolver um enredo que o mantenha interessado e concluir com um chamado à ação persuasivo e claro.

Histórias que inspiram e motivam: as melhores histórias são aquelas que inspiram e motivam o cliente a agir. O vendedor pode usar narrativas que mostrem como outras empresas ou pessoas superaram desafios semelhantes e alcançaram resultados excepcionais. Essas histórias inspiradoras motivam o cliente a acreditar que ele também pode alcançar o sucesso com a ajuda do vendedor e das soluções propostas.

Ao utilizar histórias e narrativas em suas abordagens de vendas, o vendedor não apenas torna a experiência mais envolvente, mas também estabelece uma conexão emocional e autêntica com o cliente. As histórias permitem ao vendedor comunicar informações de forma mais memorável, criar empatia e influenciar as decisões do cliente de maneira persuasiva. Ao incorporar a arte das histórias em sua estratégia de vendas, o vendedor eleva sua abordagem a um nível mais humano e significativo, construindo relacionamentos sólidos e duradouros com os clientes.

A utilização de histórias e narrativas como uma ferramenta poderosa de vendas é uma habilidade que pode ser dominada com prática e refinamento. Ao reconhecer o poder emocional das histórias, o vendedor pode criar conexões autênticas com os clientes, proporcionando uma experiência de compra mais personalizada e significativa. A ciência por trás das histórias revela que elas têm a capacidade de influenciar as decisões do cliente de maneira única, ativando respostas emocionais que impulsionam a ação e a tomada de decisão.

Ao contar histórias de sucesso, o vendedor pode demonstrar a eficácia de suas soluções de forma tangível e concreta, conectando os benefícios oferecidos com as necessidades específicas do cliente. A interação interativa com o cliente permite que a narrativa seja moldada de acordo com as respostas e reações do cliente, tornando-a ainda mais envolvente e relevante. O uso estratégico da emoção nas histórias pode influenciar a percepção do cliente sobre a solução proposta, gerando entusiasmo, confiança e uma conexão emocional mais forte.

A construção de narrativas que se conectem com os valores culturais e compartilhados entre o vendedor e o cliente reforça a sensação de afinidade e compreensão mútua, aumentando a confiança e a credibilidade do vendedor. O arco narrativo bem estruturado permite que a história seja contada de forma atraente, capturando a atenção do cliente desde o início até o chamado à ação final.

Além de persuadir o cliente a tomar uma decisão, as histórias também têm o poder de inspirar e motivar. Ao compartilhar narrativas de superação e sucesso, o vendedor incentiva o cliente a acreditar que ele também pode alcançar resultados excepcionais com a ajuda das soluções propostas.

Portanto, dominar a arte de utilizar histórias e narrativas nas vendas é uma habilidade valiosa que permite ao vendedor criar uma conexão emocional genuína com o cliente, tornando a experiência de compra mais memorável, relevante e persuasiva. Ao incorporar histórias autênticas e inspiradoras em suas abordagens de vendas, o vendedor se destaca como um profissional capaz de criar relacionamentos sólidos e de longo prazo com os clientes, alcançando resultados excepcionais e construindo uma reputação positiva no mercado. A arte de contar histórias é uma ferramenta poderosa que permite ao vendedor elevar sua abordagem a um nível mais humano, empático e eficaz, conquistando a confiança e a fidelidade dos clientes ao longo do tempo.

ENFRENTANDO OS VILÕES DAS VENDAS

Assim como nas histórias épicas, o mundo das vendas também possui seus vilões que podem dificultar o caminho do vendedor rumo ao sucesso. Esses "vilões das vendas" são obstáculos e desafios que podem sabotar os esforços do vendedor e impedir o fechamento de negócios. Neste capítulo, vamos explorar os principais vilões que os vendedores enfrentam no dia a dia e apresentar estratégias eficazes para superá-los e alcançar resultados extraordinários.

A resistência à mudança: a resistência à mudança é um vilão poderoso que pode surgir tanto nos clientes quanto nas equipes de vendas. Muitas vezes, os clientes estão acostumados com suas rotinas e soluções atuais, tornando difícil persuadi-los a considerar novas alternativas. Para enfrentar esse vilão, o vendedor deve comunicar com clareza os benefícios das soluções propostas, destacando como elas podem superar os desafios atuais e impulsionar o crescimento.

O medo da rejeição: o medo da rejeição é um vilão que pode minar a confiança do vendedor e afetar sua abordagem de vendas. É natural que os vendedores enfrentem negativas, mas superar o medo da rejeição é essencial para persistir e alcançar o sucesso. O vendedor deve encarar as negativas como oportunidades de aprendizado e aprimoramento, buscando feedback construtivo para melhorar suas estratégias.

A falta de diferenciação: a falta de diferenciação é um vilão que pode tornar os produtos e serviços do vendedor pouco atrativos aos olhos do cliente. Para enfrentar esse desafio, o vendedor deve destacar os diferenciais únicos de suas soluções, mostrando como elas se destacam da concorrência e oferecem valor adicional ao cliente.

A concorrência feroz: a concorrência acirrada é um vilão que pode tornar o mercado desafiador e competitivo.

O vendedor deve estudar a concorrência de forma aprofundada, identificando seus pontos fortes e fracos. Essa análise permite ao vendedor posicionar suas soluções de forma estratégica, destacando os benefícios que o tornam a melhor escolha para o cliente.

A procrastinação do cliente: a procrastinação do cliente pode ser um vilão que prolonga o ciclo de vendas e dificulta o fechamento do negócio. O vendedor deve demonstrar senso de urgência e oferecer incentivos para encorajar o cliente a tomar uma decisão rápida. Além disso, o vendedor pode acompanhar o cliente de forma proativa, oferecendo suporte e informações adicionais para auxiliá-lo em sua decisão.

A falta de confiança: a falta de confiança é um vilão que pode comprometer a credibilidade do vendedor junto ao cliente. Para enfrentar esse desafio, o vendedor deve ser transparente e honesto em suas interações, cumprindo suas promessas e estabelecendo uma relação de confiança mútua. Histórias de sucesso e referências de clientes satisfeitos também podem reforçar a confiança na solução oferecida.

O desalinhamento com as necessidades do cliente: não entender completamente as necessidades do cliente é um vilão que pode levar o vendedor a oferecer soluções inadequadas. O vendedor deve dedicar tempo para ouvir atentamente o cliente, fazendo as perguntas certas e buscando entender suas demandas e desafios. A partir desse conhecimento, o vendedor pode adaptar suas estratégias para atender às necessidades específicas do cliente.

O comodismo e a estagnação: o comodismo e a estagnação são vilões que podem limitar o crescimento e a inovação no campo de vendas. Para enfrentá-los, o vendedor deve estar sempre em busca de aprimoramento contínuo, buscando novas estratégias, aprendendo com experiências passadas e mantendo-se atualizado sobre as tendências do mercado.

Enfrentar os vilões das vendas exige determinação, criatividade e coragem. O vendedor que se mantém resiliente diante dos desafios, aprende com as adversidades e adota estratégias inteligentes e diferenciadas tem o poder de transformar os vilões em aliados. Ao superar esses obstáculos com uma abordagem estratégica e uma mentalidade de crescimento, o vendedor alcança resultados excepcionais e se torna um verdadeiro herói nas vendas. Lembre-se: cada desafio superado é uma oportunidade de crescimento e aprimoramento, e a jornada do vendedor rumo ao sucesso é uma história repleta de aprendizado e conquistas. Enfrente os vilões das vendas com coragem e determinação, e escreva o capítulo de sucesso de sua carreira como vendedor!

Neste capítulo, exploramos alguns dos principais vilões que os vendedores enfrentam no mundo das vendas, bem como estratégias eficazes para superá-los. Cada um desses vilões pode representar um desafio único, mas com uma abordagem estratégica e uma mentalidade de crescimento, o vendedor pode transformá-los em oportunidades de crescimento e sucesso.

Ao enfrentar a resistência à mudança, o vendedor deve se concentrar em comunicar os benefícios das soluções propostas, destacando como elas podem superar os desafios atuais do cliente e impulsionar o crescimento. Lidar com o medo da rejeição requer persistência e confiança, encarando as negativas como oportunidades de aprendizado e aprimoramento.

A falta de diferenciação pode ser superada destacando os diferenciais únicos das soluções oferecidas, tornando-as mais atraentes aos olhos do cliente. Diante de uma concorrência feroz, o vendedor deve estudar a concorrência em detalhes, identificando pontos fortes e fracos para posicionar suas soluções de forma estratégica.

Para superar a procrastinação do cliente, o vendedor deve demonstrar senso de urgência e oferecer incentivos que encorajem o cliente a tomar uma decisão rápida. Além disso, um acompanhamento proativo pode fornecer o suporte necessário para auxiliar o cliente em sua decisão.

A falta de confiança pode ser combatida sendo transparente, cumprindo promessas e estabelecendo uma relação de confiança mútua com o cliente. O vendedor também pode utilizar histórias de sucesso e referências de clientes satisfeitos para reforçar a confiança na solução oferecida.

É essencial que o vendedor esteja alinhado com as necessidades do cliente, ouvindo atentamente suas demandas e desafios e adaptando suas estratégias para atendê-las. Além disso, o comodismo e a estagnação podem ser superados por meio de um contínuo aprimoramento, aprendizado e busca por novas estratégias e tendências do mercado.

Enfrentar os vilões das vendas requer coragem, determinação e criatividade. Cada desafio superado é uma oportunidade de crescimento e aprimoramento, e o vendedor que se mantém resiliente diante das adversidades pode transformar esses obstáculos em aliados em sua jornada rumo ao sucesso.

Lembre-se de que a jornada do vendedor é uma história de aprendizado e conquistas. Ao enfrentar os vilões das vendas com coragem e determinação, o vendedor pode se tornar um verdadeiro herói nas vendas, alcançando resultados excepcionais e deixando uma impressão duradoura em seus clientes. Com uma abordagem estratégica, uma mentalidade de crescimento e a determinação de se destacar no mundo das vendas, o vendedor pode escrever o capítulo de sucesso de sua carreira, superando os vilões e alcançando resultados extraordinários.

IDENTIFICANDO E SUPERANDO OBSTÁCULOS COMUNS NO PROCESSO DE VENDAS

A jornada de um vendedor está repleta de desafios e obstáculos que podem dificultar o processo de vendas. Neste capítulo, exploraremos os obstáculos mais comuns enfrentados pelos vendedores e forneceremos estratégias eficazes para identificá-los e superá-los. Ao entender esses desafios e aprender a contorná-los, o vendedor pode aprimorar sua abordagem, aumentar sua eficiência e alcançar resultados excepcionais.

Identificando os gatekeepers: os gatekeepers são os responsáveis por filtrar o acesso aos tomadores de decisão nas empresas. Identificá-los e superar suas barreiras é essencial para alcançar os decisores-chave. O vendedor deve desenvolver técnicas de comunicação persuasivas e estratégias para construir relacionamentos com esses gatekeepers, ganhando sua confiança e acesso aos principais decisores.

Lidando com a concorrência: a concorrência acirrada é um obstáculo constante no processo de vendas. O vendedor deve estar preparado para enfrentar a competição de forma estratégica, destacando os diferenciais únicos de suas soluções e demonstrando o valor adicional que oferecem ao cliente. A compreensão profunda dos pontos fortes e fracos da concorrência é fundamental para posicionar-se de forma vantajosa no mercado.

Contornando a resistência do cliente: a resistência do cliente pode surgir em diversas etapas do processo de vendas, seja por receio de mudanças ou pela falta de entendimento sobre o valor da solução oferecida. O vendedor deve praticar a empatia, ouvir atentamente as objeções do cliente e oferecer respostas convincentes, destacando como a solução proposta pode atender às necessidades específicas do cliente.

Gerenciando o ciclo de vendas: o ciclo de vendas pode ser complexo e demorado, exigindo paciência e organização por parte do vendedor. É fundamental gerenciar o processo de vendas de forma eficiente, acompanhando cada etapa e oferecendo suporte proativo ao cliente. O uso de ferramentas e tecnologias de vendas também pode otimizar o processo e aumentar a produtividade.

Superando a falta de engajamento: em alguns casos, os clientes podem não demonstrar interesse ou engajamento suficiente no processo de vendas. O vendedor deve buscar envolver o cliente de forma mais ativa, criando uma abordagem personalizada e relevante para suas necessidades. O uso de histórias e narrativas envolventes também pode cativar o cliente e tornar a experiência de compra mais atraente.

Lidando com a mudança de prioridades do cliente: as prioridades do cliente podem mudar ao longo do tempo, impactando suas decisões de compra. O vendedor deve manter-se atualizado sobre as necessidades do cliente e adaptar sua abordagem de acordo com essas mudanças. A flexibilidade e a capacidade de ajustar as estratégias de vendas são fundamentais para acompanhar as demandas em constante evolução.

Vencendo o medo de negociar: o processo de negociação pode gerar ansiedade e insegurança em alguns vendedores. Superar o medo de negociar requer confiança em suas habilidades, conhecimento aprofundado sobre o produto ou serviço oferecido e uma mentalidade de colaboração para encontrar soluções que atendam aos interesses de ambas as partes.

Gerando leads qualificados: a geração de leads qualificados é um desafio para muitos vendedores. Para superá-lo, o vendedor deve utilizar estratégias de marketing e prospecção eficazes para identificar e atrair potenciais clientes que estejam alinhados com o perfil do cliente ideal. A nutrição de leads e a construção de relacionamentos são essenciais para transformar leads em oportunidades de negócio.

Mantendo-se motivado: a jornada de vendas pode ser

repleta de altos e baixos, o que pode afetar a motivação do vendedor. É importante desenvolver uma mentalidade positiva, estabelecer metas realistas e celebrar cada conquista, por menor que seja. O apoio de colegas de equipe e líderes também pode ser uma fonte valiosa de motivação e encorajamento.

Aprendendo com as experiências: cada obstáculo enfrentado no processo de vendas é uma oportunidade de aprendizado e crescimento. O vendedor deve analisar suas experiências, identificar pontos de melhoria e aplicar esses aprendizados em sua abordagem futura. A busca contínua por aprimoramento e a vontade de enfrentar desafios são traços essenciais do herói das vendas.

Superar os obstáculos comuns no processo de vendas requer dedicação, habilidades estratégicas e uma mentalidade resiliente. Ao identificar e enfrentar esses desafios de forma proativa, o vendedor pode transformar os obstáculos em oportunidades, construindo relacionamentos duradouros com os clientes e alcançando resultados excepcionais. Lembre-se de que a jornada do vendedor é uma história de aprendizado e crescimento contínuo, e cada superação é uma conquista que o torna mais forte e habilidoso em sua trajetória como herói das vendas.

ESTRATÉGIAS PARA LIDAR COM OBJEÇÕES E ADVERSIDADES

No universo das vendas, as objeções e adversidades são inevitáveis. No entanto, esses desafios podem ser transformados em oportunidades para fortalecer a relação com o cliente e impulsionar o sucesso nas vendas. Neste capítulo, exploraremos estratégias eficazes para lidar com objeções com confiança, superar adversidades com resiliência e conquistar a confiança do cliente, emergindo como verdadeiros heróis das vendas.

Compreendendo as objeções do cliente: a primeira etapa para lidar com objeções é compreender as preocupações e hesitações do cliente de maneira empática. O vendedor deve ouvir atentamente o cliente, fazendo perguntas claras para identificar as razões por trás das objeções. Ao entender as preocupações do cliente, o vendedor pode oferecer respostas mais precisas e relevantes, mostrando que está genuinamente interessado em resolver seus problemas.

Preparando-se para objeções comuns: a preparação é a chave para superar objeções com confiança. O vendedor deve antecipar objeções comuns relacionadas ao produto, preço, tempo de entrega ou outros aspectos relevantes para o cliente. Ao estar preparado para essas objeções, o vendedor pode fornecer respostas sólidas e convincentes, evitando ser pego desprevenido.

Transformando objeções em oportunidades: as objeções podem ser vistas como oportunidades para oferecer mais informações ao cliente e destacar os benefícios de sua solução. Ao abordar objeções com empatia e respeito, o vendedor pode criar um ambiente colaborativo para explorar as preocupações do cliente, superando suas hesitações e oferecendo soluções personalizadas.

Utilizando provas sociais: as provas sociais, como depoimentos de clientes satisfeitos e estudos de caso de sucesso, são valiosas para conquistar a confiança do cliente e superar objeções. O vendedor deve utilizar histórias de sucesso e evidências tangíveis para demonstrar a eficácia de suas soluções e mostrar como elas podem resolver os desafios específicos do cliente.

Demonstrando conhecimento e expertise: a confiança do cliente é essencial para superar objeções. O vendedor deve demonstrar seu conhecimento e expertise no mercado e na indústria, fornecendo informações valiosas e insights relevantes que agreguem valor à decisão do cliente. Ao mostrar-se como um especialista confiável, o vendedor aumenta a probabilidade de o cliente confiar em suas recomendações.

Adotando uma abordagem personalizada: cada cliente é único, e uma abordagem personalizada é fundamental para lidar com objeções de maneira eficaz. O vendedor deve ouvir as necessidades e preocupações específicas de cada cliente, adaptando suas respostas e soluções de acordo. Uma abordagem personalizada mostra ao cliente que suas preocupações são levadas a sério e que ele é valorizado como indivíduo.

Superando adversidades com resiliência: além das objeções, os vendedores podem enfrentar adversidades ao longo de sua jornada. A resiliência é a capacidade de se adaptar e superar essas adversidades com determinação e coragem. O vendedor deve aprender com os desafios enfrentados, buscando soluções criativas e mantendo uma atitude positiva para seguir em frente, mesmo diante das dificuldades.

Aprendendo com experiências anteriores: cada objeção superada e adversidade enfrentada é uma oportunidade de aprendizado. O vendedor deve refletir sobre suas experiências anteriores, identificando pontos fortes e áreas de melhoria em sua abordagem de vendas. O aprendizado contínuo é essencial para o aprimoramento profissional e para se tornar um herói mais capacitado e eficiente nas vendas.

Construindo relacionamentos de longo prazo: ao superar objeções e adversidades, o vendedor pode fortalecer o relacionamento com o cliente. Uma abordagem honesta e empática, aliada a um compromisso genuíno de atender às necessidades do cliente, pode criar uma base sólida para um relacionamento duradouro e produtivo.

Celebrando as conquistas: cada objeção superada e cada adversidade enfrentada são conquistas que devem ser celebradas. O vendedor deve reconhecer suas vitórias, mesmo as pequenas, e comemorar cada progresso em sua jornada de vendas. A celebração das conquistas fortalece a motivação e reforça a confiança para enfrentar novos desafios.

Lidar com objeções e adversidades exige habilidades estratégicas, empatia e resiliência. Ao compreender as objeções do cliente, estar preparado para enfrentá-las, utilizar provas sociais e demonstrar expertise, o vendedor pode superar objeções com confiança e conquistar a confiança do cliente. Enfrentar adversidades com resiliência, aprender com experiências anteriores e construir relacionamentos sólidos com os clientes são ingredientes essenciais para se tornar um herói nas vendas e alcançar resultados extraordinários. A jornada do vendedor é uma história repleta de desafios, aprendizados e conquistas, e cada passo dado em direção ao sucesso contribui para a construção de uma carreira de excelência nas vendas. Lembre-se de que a perseverança e o comprometimento em enfrentar objeções e adversidades são características distintivas do verdadeiro herói das vendas.

AS FERRAMENTAS DO HERÓI VENDEDOR

No mundo moderno das vendas, o sucesso requer o uso eficiente de ferramentas e tecnologias que potencializam a eficácia do vendedor. Neste capítulo, exploraremos as principais ferramentas do herói vendedor, destacando como elas podem otimizar o processo de vendas, aprimorar a produtividade e fortalecer a conexão com os clientes. Ao dominar essas ferramentas, o vendedor pode se destacar no mercado competitivo e alcançar resultados extraordinários.

CRM (Customer Relationship Management): O CRM é uma das ferramentas mais poderosas para o herói vendedor. Ele permite o gerenciamento eficiente dos dados dos clientes, histórico de interações, follow-ups e tarefas pendentes. Com um CRM bem-utilizado, o vendedor pode acompanhar a jornada do cliente, criar relacionamentos mais próximos e oferecer um atendimento personalizado, identificando oportunidades de negócio e fidelizando clientes.

Automação de marketing e e-mail marketing: a automação de marketing e o e-mail marketing são recursos fundamentais para a geração e nutrição de leads. Essas ferramentas permitem que o vendedor envie conteúdo relevante e personalizado aos clientes em momentos estratégicos, mantendo-os engajados e nutrindo o relacionamento ao longo do tempo. A automação de marketing também ajuda a identificar leads qualificados, permitindo que o vendedor dedique seu tempo aos prospects mais promissores.

Plataformas de vídeo e webconferência: as plataformas de vídeo e webconferência tornaram-se essenciais para o herói vendedor, especialmente em um cenário de vendas remotas. Com essas ferramentas, o vendedor pode realizar reuniões virtuais com clientes em qualquer lugar do mundo, construindo relacionamentos mais pessoais e humanos, mesmo à distância. As apresentações em vídeo também permitem que o vendedor crie um impacto mais significativo e memorável.

Redes sociais e social selling: as redes sociais oferecem um vasto campo de oportunidades para o herói vendedor. O social selling, ou venda social, envolve a utilização estratégica das redes sociais para se conectar com clientes em potencial, construir autoridade e influência no mercado, e compartilhar conteúdo relevante que atraia leads qualificados. O vendedor pode aproveitar as redes sociais para criar uma marca pessoal forte e se posicionar como um especialista em sua área de atuação.

Plataformas de análise de dados: o herói vendedor deve tomar decisões embasadas em dados concretos. As plataformas de análise de dados oferecem insights valiosos sobre o comportamento do cliente, o desempenho das estratégias de vendas e as tendências do mercado. Essas informações permitem ao vendedor ajustar sua abordagem de acordo com as necessidades do cliente e identificar oportunidades de crescimento.

Ferramentas de automação de vendas: as ferramentas de automação de vendas auxiliam o vendedor a otimizar processos repetitivos e administrativos, economizando tempo e aumentando a eficiência. Elas podem incluir desde agendamento de e-mails até acompanhamento automático de leads. Ao automatizar tarefas rotineiras, o vendedor pode se concentrar em atividades mais estratégicas e que demandam interação direta com o cliente.

Plataformas de e-commerce e e-business: para vendedores que atuam em ambientes digitais, as plataformas de e-commerce e e-business são essenciais para facilitar o processo de vendas online. Essas ferramentas permitem ao vendedor disponibilizar seus produtos ou serviços de forma prática e segura, além de oferecer uma experiência de compra agradável aos clientes.

Aplicativos de produtividade: aplicativos de produtividade ajudam o herói vendedor a organizar seu trabalho, acompanhar metas, agendar tarefas e otimizar seu dia a dia. Desde aplicativos de gerenciamento de projetos até aplicativos de controle de tempo, essas ferramentas auxiliam o vendedor a manter o foco e a disciplina necessária para alcançar seus objetivos.

Ferramentas de gamificação: a gamificação é uma abordagem divertida e eficaz para motivar a equipe de vendas e alcançar metas. As ferramentas de gamificação incentivam o vendedor a atingir determinados objetivos por meio de competições saudáveis, prêmios e recompensas, criando um ambiente estimulante e produtivo.

Softwares de análise de vendas e performance: para o herói vendedor, medir a performance é fundamental para o aprimoramento contínuo. Softwares de análise de vendas permitem que o vendedor acompanhe indicadores-chave de desempenho, avalie seus resultados e identifique áreas que precisam de melhorias. Essas ferramentas ajudam o vendedor a tomar decisões informadas e aperfeiçoar sua abordagem de vendas.

Ao dominar as ferramentas do herói vendedor, o profissional pode aprimorar suas habilidades, otimizar o processo de vendas e construir relacionamentos duradouros com os clientes. Com o uso estratégico dessas ferramentas, o vendedor se torna mais ágil, eficiente e proativo em sua jornada rumo ao sucesso. O verdadeiro herói das vendas sabe que o conhecimento e a utilização inteligente das ferramentas disponíveis são fundamentais para se destacar em um mercado competitivo e alcançar resultados excepcionais. Com uma abordagem inovadora, aliada ao uso das melhores ferramentas disponíveis, o vendedor pode criar um impacto significativo e transformar-se em um verdadeiro herói nas vendas.

DOMINANDO TÉCNICAS DE PERSUASÃO E NEGOCIAÇÃO

A persuasão e a negociação são habilidades essenciais para o herói vendedor. Dominar essas técnicas é fundamental para conquistar a confiança do cliente, superar objeções e fechar negócios com sucesso. Neste capítulo, exploraremos estratégias eficazes para aprimorar as habilidades de persuasão e negociação, permitindo ao vendedor alcançar resultados excepcionais e estabelecer relacionamentos duradouros com os clientes.

Entendendo a psicologia da persuasão: a persuasão é uma arte baseada na compreensão da psicologia humana. O herói vendedor deve aprender a identificar os gatilhos emocionais dos clientes e utilizar argumentos persuasivos que ressoem com suas necessidades e desejos. O uso de provas sociais, autoridade, escassez e outros princípios da persuasão pode tornar as ofertas do vendedor mais atrativas e convincentes.

Criando uma mensagem persuasiva: a comunicação persuasiva é fundamental para conquistar a atenção e o interesse do cliente. O vendedor deve aprender a transmitir sua mensagem de forma clara, concisa e convincente, destacando os benefícios únicos de sua solução e demonstrando como ela pode resolver os problemas específicos do cliente. O uso de histórias e exemplos práticos pode tornar a mensagem mais envolvente e memorável.

Desenvolvendo empatia e escuta ativa: a empatia é a chave para estabelecer conexões genuínas com os clientes. O herói vendedor deve ouvir atentamente as necessidades e preocupações do cliente, demonstrando interesse genuíno por suas histórias e desafios. A escuta ativa permite ao vendedor identificar oportunidades de personalizar sua abordagem de vendas e oferecer soluções mais alinhadas às expectativas do cliente.

Identificando os pontos de dor do cliente: para persuadir efetivamente, o vendedor deve identificar os pontos de dor do cliente e destacar como sua solução pode aliviar esses problemas. A compreensão profunda dos desafios enfrentados pelo cliente permite ao vendedor adaptar sua mensagem e argumentos para mostrar como sua oferta pode gerar impacto positivo e trazer resultados reais.

Negociando com técnicas estratégicas: a negociação é uma arte que exige habilidades estratégicas e capacidade de lidar com concessões. O herói vendedor deve estar preparado para negociar de forma colaborativa, buscando soluções que atendam aos interesses de ambas as partes. A habilidade de criar valor durante a negociação é essencial para garantir que o cliente perceba o custo-benefício da oferta apresentada.

Superando objeções com persuasão: ao enfrentar objeções, o vendedor deve utilizar técnicas persuasivas para responder de forma clara e convincente, convertendo preocupações em oportunidades. A utilização de exemplos de clientes satisfeitos, estudos de caso e resultados mensuráveis pode reforçar a credibilidade do vendedor e mostrar como sua solução já obteve sucesso em situações semelhantes.

Encontrando soluções win-win: o herói vendedor deve buscar soluções win-win, ou seja, acordos que beneficiem tanto o cliente quanto a empresa. Ao encontrar um ponto de equilíbrio que atenda às necessidades do cliente e às metas de vendas, o vendedor constrói uma relação baseada na confiança e na colaboração mútua.

Lidando com táticas de negociação difíceis: durante a negociação, o vendedor pode se deparar com táticas difíceis por parte do cliente. Aprender a identificar e lidar com essas táticas, como exigências exageradas, objeções repetitivas ou pressão para descontos, é essencial para manter a calma e conduzir a negociação de forma assertiva.

Utilizando a linguagem corporal a seu favor: a linguagem corporal é uma poderosa ferramenta de persuasão. O herói vendedor deve prestar atenção em sua postura, expressões faciais e gestos, garantindo que sua linguagem corporal transmita confiança e segurança. Além disso, aprender a ler a linguagem corporal do cliente pode fornecer insights valiosos sobre suas reações e intenções durante a negociação.

Aprendendo com cada experiência: a persuasão e a negociação são habilidades que podem ser aprimoradas com a prática contínua. O herói vendedor deve aprender com cada experiência de vendas, analisando suas abordagens, identificando pontos fortes e áreas de melhoria, e buscando constantemente o aperfeiçoamento profissional.

A persuasão e a negociação são artes que podem ser desenvolvidas com dedicação e conhecimento. O herói vendedor que domina essas técnicas pode construir relacionamentos de confiança, superar desafios e conquistar o sucesso nas vendas. A combinação de uma comunicação persuasiva, empatia, habilidades de negociação estratégica e leitura da linguagem corporal pode impulsionar o desempenho do vendedor e fortalecer sua reputação como um verdadeiro herói das vendas. A prática constante dessas técnicas, aliada à busca contínua por aprendizado e aperfeiçoamento, é o caminho para se tornar um mestre na arte da persuasão e negociação, abrindo portas para oportunidades e conquistas significativas.

UTILIZANDO A EMPATIA COMO UMA ARMA PODEROSA DE VENDAS

A empatia é uma das habilidades mais poderosas que o herói vendedor pode cultivar em sua jornada para o sucesso nas vendas. Mais do que apenas uma palavra da moda, a empatia é a capacidade de compreender genuinamente os sentimentos, pensamentos e perspectivas do cliente. Neste capítulo, exploraremos como a empatia pode ser uma arma poderosa nas mãos do vendedor, capacitando-o a construir relacionamentos autênticos, conquistar a confiança do cliente e aumentar suas chances de fechar negócios bem-sucedidos.

A verdadeira empatia nas vendas: a empatia verdadeira vai além de meras palavras ou ações superficiais. É uma habilidade que parte do coração e da mente do vendedor, permitindo que ele se coloque no lugar do cliente de forma sincera e autêntica. É um exercício de escuta ativa e compreensão profunda das necessidades, desejos e preocupações do cliente, sem julgamento ou pressuposições.

Criando uma conexão autêntica: quando o vendedor demonstra empatia genuína, cria-se uma conexão autêntica com o cliente. Essa conexão é o alicerce para o desenvolvimento de um relacionamento sólido e duradouro. O cliente se sente valorizado e compreendido, o que torna mais provável que ele se abra para compartilhar suas reais necessidades e interesses.

Escutando com empatia: a empatia na venda começa com a prática da escuta ativa e focada. O herói vendedor deve dedicar tempo e atenção ao cliente, ouvindo suas histórias, desafios e aspirações. Essa prática permite ao vendedor identificar oportunidades de personalização e oferecer soluções que atendam às necessidades específicas do cliente.

Demonstrar compreensão e aceitação: uma vez que o vendedor tenha ouvido atentamente o cliente, é essencial demonstrar compreensão e aceitação de suas perspectivas e sentimentos. Isso não significa necessariamente concordar com tudo que o cliente diz, mas sim validar suas emoções e pontos de vista, mostrando que suas preocupações são levadas a sério.

Adaptando a abordagem de vendas: a empatia permite ao vendedor adaptar sua abordagem de vendas para atender às preferências do cliente. Cada cliente é único, e o herói vendedor reconhece que uma abordagem personalizada é mais eficaz do que um discurso genérico. A empatia ajuda o vendedor a identificar o estilo de comunicação do cliente e a ajustar sua linguagem para se comunicar de forma mais efetiva.

Resolvendo problemas com sensibilidade: a empatia é especialmente importante ao lidar com situações delicadas ou objeções do cliente. Em vez de simplesmente rejeitar as preocupações do cliente, o vendedor empático busca entender os motivos por trás das objeções e trabalha junto ao cliente para encontrar soluções que atendam às suas necessidades.

Gerando confiança e lealdade: a empatia é a base para a construção de confiança e lealdade. Quando o cliente percebe que o vendedor está genuinamente interessado em seu bem-estar e sucesso, ele se torna mais inclinado a confiar no vendedor e a continuar o relacionamento além da venda inicial.

Transformando clientes em defensores da marca: clientes que experimentam empatia por parte do vendedor tendem a se tornar defensores da marca. Eles compartilham suas experiências positivas com outras pessoas, ajudando a ampliar o alcance da marca e atrair novos clientes em potencial.

Lidando com a rejeição com empatia: o herói vendedor reconhece que a empatia também é importante ao lidar com a rejeição. Nem todas as negociações serão bem-sucedidas, e o vendedor empático não leva a rejeição para o lado pessoal. Em vez disso, ele compreende que o cliente pode ter necessidades diferentes e respeita sua decisão.

Um círculo virtuoso de empatia: a empatia cria um círculo virtuoso de relacionamentos saudáveis e bem-sucedidos. À medida que o vendedor pratica a empatia com seus clientes, ele inspira outros membros da equipe de vendas a fazerem o mesmo. Esse ciclo positivo promove uma cultura de empatia dentro da empresa, criando um ambiente propício para o crescimento e prosperidade.

A empatia é uma das mais poderosas ferramentas à disposição do herói vendedor. Ela fortalece os laços com os clientes, aumenta a probabilidade de sucesso nas vendas e gera impacto positivo tanto no resultado financeiro quanto na satisfação do cliente. A empatia não é apenas uma habilidade, mas uma mentalidade que permeia todas as interações do vendedor. É uma abordagem humana e autêntica que respeita a individualidade do cliente e valoriza suas experiências e necessidades.

Ao se colocar no lugar do cliente, o herói vendedor demonstra que está comprometido em encontrar a melhor solução para suas demandas, o que constrói uma reputação de confiança e respeito. Essa reputação é valiosa, pois leva a indicações positivas, clientes satisfeitos e relacionamentos de longo prazo.

Para desenvolver a empatia como uma arma poderosa de vendas, o vendedor deve estar disposto a se despir de preconceitos e estereótipos, praticar a escuta ativa e genuína, buscar conhecer profundamente os clientes e se colocar no lugar deles. A empatia não é algo que pode ser simulado; ela deve ser cultivada a partir de uma autêntica preocupação com o bem-estar do cliente e o desejo de ajudá-lo a alcançar seus objetivos.

Com a empatia como guia, o vendedor pode se tornar um aliado valioso para o cliente, oferecendo soluções verdadeiramente personalizadas e alinhadas com suas necessidades. A empatia também permite ao vendedor antecipar problemas e oferecer suporte proativo ao cliente, tornando-se uma fonte confiável de orientação e aconselhamento.

A empatia é a chave para abrir as portas do coração do cliente. É o que torna o herói vendedor mais do que um vendedor comum - ele se torna um parceiro confiável e compassivo, disposto a caminhar ao lado do cliente rumo ao sucesso. Com a empatia como aliada, o herói vendedor pode enfrentar qualquer desafio nas vendas, criando relações autênticas, fechando negócios significativos e deixando um legado de satisfação e sucesso duradouro.

A ÉTICA DO HERÓI VENDEDOR

Neste capítulo, exploraremos um dos pilares fundamentais do herói vendedor: a ética. Ser um vendedor de sucesso não se trata apenas de fechar negócios e atingir metas, mas também de agir com integridade, transparência e respeito pelos clientes e pelas relações comerciais. O herói vendedor entende que sua reputação é seu bem mais valioso e que a base para um sucesso sustentável está enraizada em práticas éticas.

O código de conduta do herói vendedor: o herói vendedor adota um código de conduta ética que norteia suas ações em todas as interações com clientes, colegas e parceiros de negócios. Esse código inclui princípios como honestidade, respeito, responsabilidade e transparência. O herói vendedor compreende que a ética é a base para construir confiança, credibilidade e relacionamentos de longo prazo.

Transparência em todas as etapas da venda: o herói vendedor não esconde informações importantes ou utiliza táticas manipulativas para obter vantagem. Pelo contrário, ele preza pela transparência em todas as etapas da venda, desde a apresentação da oferta até as condições de pagamento. A transparência permite ao cliente tomar decisões informadas, criando uma relação de confiança mútua.

Respeito à autonomia do cliente: o cliente é o protagonista de sua jornada de compra, e o herói vendedor respeita sua autonomia e capacidade de decisão. Ele não impõe suas opiniões ou tenta influenciar o cliente além do necessário. Em vez disso, o herói vendedor está disposto a ser um guia e facilitador, ajudando o cliente a tomar a melhor decisão para suas necessidades.

Evitando práticas enganosas: o herói vendedor rejeita práticas enganosas ou desonestas que possam prejudicar o cliente ou comprometer sua própria integridade. Ele não promete o que não pode cumprir nem usa informações falsas para manipular o cliente. Em vez disso, o herói vendedor busca construir relacionamentos genuínos, baseados na verdade e na confiança.

Respeito à concorrência e à propriedade intelectual: a ética do herói vendedor estende-se também à relação com a concorrência e à propriedade intelectual. Ele não difama ou denigre seus concorrentes, mas sim compete de forma justa e ética. Além disso, o herói vendedor respeita os direitos de propriedade intelectual de outras empresas e não usa informações confidenciais ou protegidas sem permissão.

O compromisso com a excelência no atendimento: o herói vendedor se compromete com a excelência no atendimento ao cliente. Isso significa estar disponível para responder a perguntas, fornecer suporte pós-venda e garantir que o cliente esteja satisfeito com a compra. O herói vendedor entende que a excelência no atendimento é essencial para construir uma reputação sólida e para fomentar a lealdade do cliente.

A responsabilidade social do herói vendedor: o herói vendedor não apenas busca o sucesso individual, mas também se preocupa com o impacto social e ambiental de suas ações. Ele se engaja em práticas responsáveis, que consideram o bem-estar da comunidade e do meio ambiente. O herói vendedor pode, por exemplo, promover produtos ou serviços que sejam sustentáveis ou contribuir com causas sociais relevantes.

A ética no uso de dados e informações: o herói vendedor respeita a privacidade do cliente e utiliza dados e informações pessoais com responsabilidade. Ele protege a confidencialidade das informações dos clientes e não as utiliza de maneira inadequada ou para fins que não tenham sido autorizados.

A coragem de agir com ética: a ética do herói vendedor

exige coragem para fazer as escolhas certas, mesmo quando enfrenta pressões ou tentações para agir de forma antiética. O herói vendedor compreende que a ética é um valor intrínseco, não um mero meio para atingir um fim.

A satisfação de ser um herói vendedor ético: o herói vendedor encontra satisfação em saber que suas práticas éticas contribuem para a construção de uma carreira sólida, relacionamentos de confiança e uma reputação de excelência. Ele compreende que ser um herói vendedor ético é uma jornada contínua de autodesenvolvimento e melhoria, que o guia em direção ao sucesso duradouro e significativo.

A ética é a bússola que direciona o herói vendedor em sua jornada nas vendas. Ela é a base para relacionamentos autênticos, confiança do cliente e um sucesso sustentável. O herói vendedor entende que suas ações têm impacto não apenas em sua própria carreira, mas também na sociedade e no meio ambiente. Ele se orgulha de agir com integridade, respeito e responsabilidade, e vê a ética como uma fonte de força e inspiração para enfrentar desafios e alcançar resultados excepcionais. Com a ética como aliada, o herói vendedor está preparado para encarar o futuro com confiança, determinação e o compromisso de fazer a diferença de forma positiva e ética no mundo das vendas.

PRATICANDO A HONESTIDADE E A TRANSPARÊNCIA PARA CONSTRUIR CONFIANÇA

A honestidade e a transparência são pilares fundamentais da ética do herói vendedor. Neste capítulo, exploraremos a importância dessas qualidades e como elas podem ser utilizadas como ferramentas poderosas para construir e fortalecer a confiança com os clientes.

A base da confiança: a confiança é o alicerce de qualquer relacionamento sólido, incluindo as relações comerciais. O herói vendedor compreende que, para conquistar a confiança do cliente, é essencial ser honesto e transparente em todas as interações. A honestidade cria uma atmosfera de sinceridade e autenticidade, enquanto a transparência demonstra abertura e respeito pelo cliente.

A importância da integridade: a honestidade e a transparência estão intrinsecamente ligadas à integridade do herói vendedor. Ele entende que suas ações devem estar alinhadas com seus valores e princípios éticos. A integridade é o que torna suas palavras confiáveis e suas promessas cumpridas, gerando respeito e admiração por parte do cliente.

A honradez nas ofertas e propostas: o herói vendedor nunca exagera ou distorce informações para tornar suas ofertas mais atraentes. Ele oferece soluções realistas e honestas, alinhadas com as necessidades e expectativas do cliente. A transparência é uma aliada poderosa nesse processo, permitindo que o cliente compreenda exatamente o que está sendo oferecido e como isso atende às suas demandas.

Lidando com limitações e desafios: o herói vendedor é transparente também em relação às limitações e desafios do produto ou serviço que está oferecendo. Ele não tenta esconder possíveis problemas ou deficiências, mas sim apresenta uma visão realista, destacando também os benefícios e vantagens que o cliente obterá. Essa abordagem honesta ajuda o cliente a tomar decisões informadas e reduz a probabilidade de surpresas desagradáveis no futuro.

O impacto da transparência na relação de confiança: a prática da transparência gera um efeito positivo na relação de confiança entre o herói vendedor e o cliente. Quando o cliente percebe que o vendedor é aberto e sincero em todas as etapas da venda, ele se sente mais seguro e confortável para compartilhar suas preocupações e dúvidas. Essa comunicação aberta e franca fortalece a conexão entre as partes, facilitando o entendimento mútuo e a construção de um relacionamento de longo prazo.

O valor da honestidade nas negociações: a honestidade é essencial também nas negociações com o cliente. O herói vendedor não faz promessas vazias ou oferece condições que não pode cumprir. Ele é transparente sobre as limitações e prazos, buscando sempre encontrar um ponto de equilíbrio que seja benéfico para ambas as partes. Essa postura franca demonstra respeito pelo cliente e estabelece um terreno fértil para a construção de parcerias duradouras.

Gerando confiança pós-venda: a honestidade e a transparência não terminam com o fechamento da venda. O herói vendedor continua praticando essas qualidades no suporte pós-venda, cumprindo com o que foi acordado e garantindo a satisfação do cliente com a compra. A confiança gerada durante a venda se estende ao relacionamento contínuo com o cliente, incentivando a fidelidade e a indicação positiva para outras pessoas.

A ética como diferencial competitivo: no competitivo mundo das vendas, a ética do herói vendedor se torna um diferencial poderoso. Clientes valorizam a honestidade e a transparência, e são mais propensos a escolher fornecedores que demonstrem essas qualidades. Além disso, a reputação ética do herói vendedor atrai clientes em potencial e fortalece a marca da empresa.

A responsabilidade do herói vendedor: o herói vendedor compreende que sua atuação ética não é apenas uma escolha, mas uma responsabilidade. Ele reconhece o impacto de suas ações sobre os clientes, a empresa e a sociedade como um todo. Essa consciência o motiva a agir com integridade, mesmo quando enfrenta pressões ou tentações para agir de forma menos ética.

Um compromisso contínuo: a prática da honestidade e

da transparência é um compromisso contínuo do herói vendedor. Ele sabe que a ética não é um objetivo a ser alcançado uma única vez, mas uma jornada de autodesenvolvimento e melhoria constante. O herói vendedor está sempre em busca de aperfeiçoamento, aprendendo com suas experiências e buscando ser o melhor profissional possível.

A honestidade e a transparência são qualidades essenciais do herói vendedor. Elas constroem confiança, fortalecem relacionamentos e geram resultados sustentáveis no mundo das vendas. O herói vendedor compreende que, embora a tentação de adotar práticas menos éticas possa surgir, é a escolha pela integridade que o torna um verdadeiro herói nas vendas. A prática contínua da honestidade e da transparência é uma jornada de autodescoberta e crescimento, que o guia para o sucesso duradouro e significativo em sua carreira como vendedor.

CULTIVANDO RELACIONAMENTOS DE LONGO PRAZO COM OS CLIENTES

O herói vendedor compreende que as vendas não se tratam apenas de fechar negócios momentâneos, mas também de construir relacionamentos duradouros com os clientes. Neste capítulo, exploraremos a importância de cultivar esses laços e como o herói vendedor pode transformar clientes em parceiros fiéis ao longo do tempo.

A visão além do curto prazo: enquanto alguns vendedores focam apenas em alcançar metas imediatas, o herói vendedor adota uma perspectiva de longo prazo. Ele compreende que o verdadeiro sucesso nas vendas está em construir relacionamentos sólidos e sustentáveis, que gerem benefícios ao cliente e à empresa ao longo do tempo.

A escuta como ferramenta poderosa: o herói vendedor entende que a escuta ativa é a base para compreender as necessidades e desejos do cliente. Ele não apenas ouve o que é dito, mas também busca compreender o que não está sendo dito. Essa habilidade de escuta aprofundada permite ao herói vendedor oferecer soluções verdadeiramente personalizadas, fortalecendo a conexão com o cliente.

A importância do acompanhamento: o herói vendedor não encerra o relacionamento com o cliente após a conclusão da venda. Pelo contrário, ele mantém um acompanhamento contínuo, garantindo que o cliente esteja satisfeito com a compra e oferecendo suporte sempre que necessário. O acompanhamento mostra ao cliente que ele é valorizado e que o herói vendedor está comprometido em ajudá-lo a obter sucesso com a aquisição.

A prática da comunicação consistente: o herói vendedor compreende que a comunicação é essencial para manter relacionamentos saudáveis. Ele mantém uma comunicação consistente e relevante com o cliente, seja por meio de ligações, e-mails ou encontros presenciais. Essa comunicação não se restringe apenas a ofertas comerciais, mas também inclui informações úteis, dicas e conteúdo que possam agregar valor ao cliente.

A empatia como ferramenta de conexão: a empatia é uma habilidade poderosa que o herói vendedor utiliza para se conectar verdadeiramente com o cliente. Ele busca compreender as experiências, desafios e objetivos do cliente, e age como um parceiro que está genuinamente interessado em seu sucesso. Essa conexão emocional fortalece os laços com o cliente e cria uma relação de confiança mútua.

Oferecendo soluções contínuas: o herói vendedor não vê a venda como o fim do relacionamento, mas como o começo de uma parceria duradoura. Ele busca continuamente oferecer soluções que atendam às necessidades em evolução do cliente. Isso pode envolver atualizações de produtos ou serviços, novas ofertas alinhadas com os objetivos do cliente ou até mesmo sugestões de melhorias em seu processo de negócio.

Resolvendo problemas com agilidade: nenhum relacionamento está isento de problemas. O herói vendedor encara os desafios como oportunidades de demonstrar sua dedicação ao cliente. Ele aborda os problemas com agilidade, buscando soluções rápidas e eficientes. A forma como o herói vendedor lida com adversidades pode ser um fator decisivo para fortalecer o relacionamento e consolidar a confiança do cliente.

Comemorando conquistas juntos: o herói vendedor celebra as conquistas do cliente como se fossem suas próprias vitórias. Ele compartilha a alegria do cliente em momentos de sucesso e reconhecimento. Essa celebração conjunta fortalece o sentimento de parceria e reforça o vínculo emocional entre o herói vendedor e o cliente.

A importância da flexibilidade: cada cliente é único, com necessidades e preferências individuais. O herói vendedor compreende a importância de ser flexível e adaptar-se ao estilo e ritmo de cada cliente. Ele está disposto a personalizar sua abordagem e oferta para atender às particularidades de cada situação.

A satisfação de relações duradouras: o herói vendedor encontra satisfação e realização ao cultivar relacionamentos de longo prazo com os clientes. Essas parcerias duradouras não apenas geram resultados financeiros positivos, mas também proporcionam a sensação de cumprir uma missão: ajudar os clientes a alcançarem seus objetivos e superarem desafios.

A habilidade do herói vendedor de cultivar relacionamentos de longo prazo com os clientes é essencial para o sucesso a longo prazo no mundo das vendas. A prática da honestidade, empatia, escuta ativa e comunicação consistente é o que permite ao herói vendedor estabelecer conexões genuínas com os clientes, construindo uma base sólida de confiança e fidelidade. Essas parcerias duradouras não apenas impulsionam o crescimento dos negócios, mas também trazem significado e satisfação ao herói vendedor, que encontra sua realização na construção de relações valiosas e duradouras com aqueles que atende.

SUPERAÇÃO E AUTOSSUPERAÇÃO

O herói vendedor enfrenta desafios constantes em sua jornada no mundo das vendas. Neste capítulo, exploraremos a importância da superação e autossuperação para o sucesso do herói vendedor. Entenderemos como ele lida com as adversidades, busca o aprimoramento contínuo e transforma obstáculos em oportunidades de crescimento.

A mentalidade do herói: o herói vendedor adota uma mentalidade resiliente diante dos desafios. Ele compreende que, assim como em qualquer jornada heroica, enfrentará obstáculos e contratempos. No entanto, sua atitude positiva e determinação o impulsionam a seguir em frente, mesmo diante das dificuldades.

Transformando desafios em oportunidades: enquanto alguns vendedores podem se desencorajar diante de rejeições ou metas não alcançadas, o herói vendedor enxerga essas situações como oportunidades de aprendizado e crescimento. Ele analisa os desafios, identifica as lições que podem ser extraídas e busca melhorar suas estratégias para o futuro.

Aprendendo com os fracassos: o herói vendedor não teme o fracasso, pois compreende que ele faz parte do processo de crescimento. Ele encara os fracassos como oportunidades valiosas de aprendizado. Cada derrota é uma chance de analisar seus erros, aprimorar suas habilidades e se tornar mais forte para as próximas batalhas comerciais.

Estabelecendo metas desafiadoras: para o herói vendedor, a superação não está apenas em alcançar metas estabelecidas, mas também em estabelecer objetivos desafiadores. Ele busca constantemente elevar o nível de suas aspirações e se esforça para atingir patamares cada vez mais altos em sua carreira. Essa busca incessante por superar seus próprios limites é o que impulsiona seu crescimento profissional.

A importância do autodesenvolvimento: o herói vendedor

está em busca constante de autodesenvolvimento. Ele reconhece que para superar obstáculos e se destacar no mercado, é fundamental aprimorar suas habilidades, conhecimentos e competências. Investir em treinamentos, leituras e capacitações é uma prática recorrente para o herói vendedor.

Cultivando a resiliência emocional: a resiliência emocional é uma das principais características do herói vendedor. Ele compreende que o campo das vendas pode ser desafiador, com altos e baixos emocionais. Por isso, ele desenvolve habilidades para lidar com o estresse, a pressão e a incerteza, mantendo-se firme e equilibrado mesmo nas situações mais difíceis.

Buscando apoio e colaboração: o herói vendedor não enfrenta as adversidades sozinho. Ele busca apoio e colaboração dentro da equipe de vendas, compartilhando experiências, ideias e estratégias. A troca de conhecimentos e a colaboração mútua fortalecem não apenas o herói vendedor, mas toda a equipe, que se torna mais resiliente e capaz de superar desafios coletivamente.

Adotando a persistência: a persistência é uma virtude indispensável do herói vendedor. Ele não se abala diante de um "não" e não desiste facilmente. O herói vendedor entende que as vendas são uma jornada contínua e que cada novo contato é uma nova oportunidade de conquistar um cliente. Sua persistência o leva a seguir em frente, mesmo quando parece haver obstáculos intransponíveis.

Celebrando as vitórias: assim como o herói vendedor enfrenta desafios, ele também celebra as vitórias com entusiasmo e gratidão. A cada negócio fechado, metas alcançadas e clientes satisfeitos, ele celebra o fruto de seu esforço e dedicação. Essa celebração não apenas fortalece sua motivação, mas também mantém vivo o prazer em atuar no mundo das vendas.

A superação como estilo de vida: para o herói vendedor, a superação não é apenas um objetivo a ser alcançado, mas um estilo de vida. Ele entende que o caminho para o sucesso é uma jornada contínua de aprendizado, crescimento e aprimoramento. A superação é o que impulsiona o herói vendedor a abraçar cada novo desafio, confiante em sua capacidade de se tornar cada vez melhor em sua profissão.

A superação e autossuperação são fundamentais para o herói vendedor alcançar o sucesso nas vendas. Ele enfrenta os desafios com resiliência, aprende com os fracassos, estabelece metas desafiadoras e busca constantemente aprimorar suas habilidades. O herói vendedor encara cada obstáculo como uma oportunidade de crescimento, transformando-se não apenas em um profissional mais competente, mas também em um ser humano mais resiliente, motivado e inspirador para aqueles que o cercam. Sua busca incessante pela superação é o que o torna um verdadeiro herói nas vendas.

APRENDENDO COM OS PRÓPRIOS ERROS E BUSCANDO A EVOLUÇÃO CONSTANTE

O herói vendedor compreende que, assim como em qualquer jornada de crescimento, os erros são oportunidades valiosas de aprendizado e desenvolvimento. Neste capítulo, exploraremos a importância de reconhecer e aprender com os próprios erros, bem como a busca contínua pela evolução como profissional de vendas.

A autocrítica construtiva: o herói vendedor tem a coragem de olhar para si mesmo com honestidade e autocrítica. Ele entende que ninguém é perfeito e que comete erros, mas encara essas situações como oportunidades para crescer. A autocrítica construtiva permite ao herói vendedor identificar pontos de melhoria em suas abordagens de vendas e buscar soluções para aprimorar sua performance.

Transformando erros em oportunidades de aprendizado: o

herói vendedor compreende que os erros não são fracassos definitivos, mas chances de aprendizado. Ele analisa cada situação em que algo não saiu como esperado e busca entender o que poderia ter sido feito de forma diferente. Essa reflexão profunda permite ao herói vendedor extrair lições valiosas e aplicá-las em suas futuras interações com clientes.

Adotando a mentalidade de crescimento: a mentalidade de crescimento é um pilar fundamental para o herói vendedor. Ele acredita que suas habilidades e competências podem ser aprimoradas ao longo do tempo, por meio do esforço e da dedicação. Essa mentalidade o impulsiona a enfrentar desafios e buscar constantemente a evolução como profissional de vendas.

Buscando feedback externo: o herói vendedor não teme buscar feedback externo, seja de colegas, gestores ou clientes. Ele compreende que receber perspectivas diferentes é valioso para identificar pontos cegos e oportunidades de crescimento. O feedback é uma ferramenta poderosa que o herói vendedor utiliza para aprimorar suas habilidades e oferecer um atendimento ainda mais eficiente aos clientes.

Valorizando a experimentação: o herói vendedor não tem receio de experimentar novas abordagens e estratégias. Ele entende que a experimentação é uma forma de descobrir o que funciona melhor para ele e seus clientes. Mesmo que algumas tentativas não tenham o resultado esperado, o herói vendedor valoriza a experiência adquirida e acredita que cada tentativa o aproxima mais da excelência nas vendas.

O aprendizado como processo contínuo: para o herói vendedor, o aprendizado é um processo contínuo, que não tem fim. Ele busca constantemente cursos, treinamentos e materiais que possam ampliar seus conhecimentos e aprimorar suas habilidades de vendas. O herói vendedor compreende que estar em constante evolução é o que o mantém competitivo e relevante no mercado.

A persistência na busca pela evolução: o herói vendedor não se contenta com o status quo. Ele persiste na busca pela evolução, mesmo quando os desafios parecem difíceis de superar. A determinação do herói vendedor o impulsiona a continuar aprendendo e se desenvolvendo, mesmo diante de obstáculos aparentemente intransponíveis.

Compartilhando conhecimento com a equipe: o herói vendedor não guarda suas experiências de aprendizado apenas para si mesmo. Ele compartilha suas lições e conhecimentos com a equipe, criando um ambiente colaborativo e de crescimento mútuo. A troca de aprendizados entre os membros da equipe fortalece o grupo como um todo e permite a todos evoluírem juntos.

Aprendendo com o sucesso: o herói vendedor compreende que o sucesso também é uma fonte de aprendizado. Ele analisa suas melhores conquistas, buscando entender quais estratégias e abordagens foram responsáveis por esses resultados positivos. Aprender com o sucesso é tão importante quanto aprender com os erros, pois possibilita ao herói vendedor replicar suas melhores práticas em outras situações.

A jornada como recompensa: para o herói vendedor, a busca constante pela evolução é recompensadora em si mesma. Cada nova habilidade adquirida, cada aprendizado extraído dos erros, cada passo rumo à excelência nas vendas é uma recompensa valiosa. A jornada de autossuperação é o que motiva o herói vendedor a se manter apaixonado por sua profissão e a almejar um futuro de sucesso e realização.

Aprender com os próprios erros e buscar a evolução constante são características centrais do herói vendedor. Ele não se deixa abalar pelos desafios, mas os encara como oportunidades de crescimento. A busca contínua pelo autodesenvolvimento, aliada à humildade para reconhecer que sempre há algo novo a aprender, é o que permite ao herói vendedor se tornar cada vez mais competente, eficiente e inspirador em sua jornada nas vendas. A autossuperação é o que o mantém sempre em busca da excelência, permitindo-lhe não apenas alcançar o sucesso nas vendas, mas também desfrutar da realização pessoal e profissional que só a constante evolução pode proporcionar.

GERENCIANDO O ESTRESSE E A PRESSÃO DO COTIDIANO DE VENDAS

O cotidiano de vendas é dinâmico e desafiador, repleto de metas, prazos e expectativas a serem cumpridos. Neste capítulo, discutiremos a importância do gerenciamento do estresse e da pressão para o herói vendedor, e como ele pode manter o equilíbrio emocional e o desempenho excepcional mesmo nos momentos mais intensos.

Reconhecendo os sinais de estresse: o herói vendedor entende que o estresse é uma resposta natural do corpo às demandas do cotidiano. Ele aprende a reconhecer os sinais de estresse, como tensão muscular, irritabilidade, dificuldades para dormir e falta de concentração. Ao identificar esses sinais precocemente, o herói vendedor pode adotar estratégias de gerenciamento antes que o estresse se torne prejudicial ao seu desempenho.

Praticando a autocuidado: o herói vendedor reconhece a importância do autocuidado para lidar com o estresse e a pressão. Ele reserva tempo para atividades que lhe proporcionem prazer e relaxamento, como exercícios físicos, meditação, leitura ou hobbies. O autocuidado é essencial para recarregar as energias e manter a mente e o corpo saudáveis, capacitando o herói vendedor a enfrentar os desafios do cotidiano com mais equilíbrio emocional.

Estabelecendo limites: o herói vendedor compreende que

estabelecer limites é fundamental para evitar a sobrecarga de trabalho e o consequente aumento do estresse. Ele define horários para dedicar-se às atividades profissionais e momentos para descanso e lazer. Ao estabelecer limites claros, o herói vendedor evita o esgotamento físico e mental, garantindo sua produtividade e eficiência no longo prazo.

Focando na gestão do tempo: o herói vendedor sabe que o tempo é um recurso valioso e escasso. Ele busca aprimorar suas habilidades de gerenciamento do tempo para evitar a sensação de estar sempre correndo contra o relógio. O herói vendedor estabelece prioridades, organiza suas tarefas e evita a procrastinação, otimizando seu tempo e reduzindo o estresse relacionado à falta de tempo para cumprir suas obrigações.

Encontrando suporte na equipe: o herói vendedor busca suporte na equipe quando se sente sobrecarregado ou enfrentando situações estressantes. A colaboração com colegas e gestores permite ao herói vendedor dividir responsabilidades, receber auxílio em momentos difíceis e sentir-se amparado em um ambiente de apoio mútuo.

Resiliência emocional: a resiliência emocional é uma competência-chave do herói vendedor para enfrentar o estresse e a pressão cotidiana. Ele compreende que nem sempre terá controle sobre as situações externas, mas pode controlar sua resposta emocional a elas. O herói vendedor desenvolve habilidades para lidar com a adversidade de forma saudável, encontrando soluções e mantendo-se firme diante dos desafios.

Buscando momentos de descanso: o herói vendedor compreende que momentos de descanso são essenciais para recarregar as energias e aumentar sua produtividade. Ele valoriza os intervalos durante o dia de trabalho para relaxar e se afastar das demandas comerciais. Esses momentos de descanso permitem ao herói vendedor retomar suas atividades com mais foco e disposição.

Mantendo a perspectiva positiva: o herói vendedor pratica o pensamento positivo mesmo diante de desafios e pressões. Ele compreende que a perspectiva com que encara as situações pode influenciar sua resposta emocional. Ao manter uma visão otimista, o herói vendedor torna-se mais resiliente e capaz de encontrar soluções criativas para os problemas.

Desenvolvendo estratégias de relaxamento: o herói vendedor adota estratégias de relaxamento para liberar o estresse acumulado. Ele pode recorrer à prática de exercícios físicos, respiração profunda, técnicas de relaxamento ou até mesmo conversar com colegas sobre suas preocupações. Essas estratégias permitem ao herói vendedor encontrar alívio emocional e manter o equilíbrio durante momentos de pressão.

Aprendendo com as experiências estressantes: o herói vendedor compreende que experiências estressantes são oportunidades valiosas de aprendizado. Ele reflete sobre como lidou com essas situações, identifica o que funcionou e o que poderia ser melhorado. A partir dessas reflexões, o herói vendedor desenvolve habilidades para gerir o estresse de forma cada vez mais eficaz e positiva.

O herói vendedor compreende a importância do gerenciamento do estresse e da pressão do cotidiano de vendas. Ele reconhece os sinais de estresse, pratica o autocuidado, estabelece limites, busca suporte na equipe, desenvolve resiliência emocional e adota estratégias para relaxamento. O herói vendedor compreende que a gestão do estresse é fundamental para sua performance excepcional e para a manutenção do equilíbrio emocional em sua jornada no mundo das vendas.

INSPIRANDO UMA EQUIPE DE VENDEDORES HERÓIS

Assim como o herói vendedor é capaz de conquistar o mercado com sua coragem e habilidades excepcionais, inspirar uma equipe de vendedores heróis é fundamental para alcançar resultados extraordinários. Neste capítulo, exploraremos estratégias e práticas para líderes de vendas que desejam impulsionar o potencial de sua equipe, motivando-os a agirem como verdadeiros heróis nas vendas.

Definindo uma visão inspiradora: o líder de vendas deve estabelecer uma visão inspiradora para a equipe, apresentando uma imagem clara do futuro desejado. A visão deve ser desafiadora e alinhada com os valores e objetivos da organização, motivando cada membro da equipe a empenhar-se além de seus limites em busca desse propósito maior.

Cultivando a cultura de heróis vendedores: uma cultura empresarial que celebra e valoriza o espírito heróico dos vendedores é essencial para inspirar a equipe. O líder deve fomentar uma cultura de reconhecimento, onde os esforços e conquistas dos vendedores são celebrados publicamente, incentivando-os a assumir uma identidade de heróis em suas atividades diárias.

Identificando e desenvolvendo talentos: o líder de vendas deve conhecer a equipe individualmente, identificando os pontos fortes e áreas de melhoria de cada vendedor. Investir no desenvolvimento das habilidades de vendas é crucial para empoderar os membros da equipe a atingirem seu pleno potencial, tornando-os verdadeiros heróis em suas especialidades.

Estabelecendo metas desafiadoras e realistas: metas desafiadoras, mas alcançáveis, incentivam a equipe a superar seus próprios limites e a buscar o heroísmo nas vendas. O líder deve envolver os vendedores na definição das metas, assegurando que estejam comprometidos e motivados para alcançá-las.

Comunicando-se com inspiração: o líder de vendas deve dominar a arte da comunicação inspiradora. É fundamental transmitir a visão, metas e valores da equipe com entusiasmo e clareza, estimulando a paixão dos vendedores pelo trabalho e o senso de propósito em suas ações.

Fomentando a colaboração e o companheirismo: o espírito de equipe é fundamental para inspirar uma equipe de vendedores heróis. O líder deve incentivar a colaboração, o compartilhamento de conhecimentos e a cooperação entre os membros da equipe, criando um ambiente de apoio mútuo e companheirismo.

Empoderando os vendedores a tomar decisões: dar autonomia aos vendedores para tomar decisões é uma forma de emponderá-los e incentivá-los a assumirem um papel de protagonismo em suas atividades. O líder deve confiar na capacidade da equipe e incentivar a tomada de decisões conscientes, proporcionando um senso de responsabilidade e comprometimento.

Reconhecendo e celebrando conquistas: o reconhecimento é uma poderosa ferramenta motivacional. O líder de vendas deve reconhecer publicamente as conquistas individuais e coletivas da equipe, proporcionando um sentimento de valorização e recompensa pelos esforços heróicos em prol dos resultados comerciais.

Promovendo o desenvolvimento profissional: o líder de vendas deve investir no desenvolvimento contínuo da equipe, oferecendo treinamentos, workshops e oportunidades de aprendizado. Um vendedor em constante evolução é mais confiante, resiliente e disposto a enfrentar desafios como um verdadeiro herói.

Liderando com empatia e integridade: a empatia e a

integridade são valores essenciais para inspirar uma equipe de vendedores heróis. O líder deve ser exemplo de conduta ética e compreensão, estando sempre presente para apoiar os vendedores em suas jornadas profissionais e pessoais.

Inspirar uma equipe de vendedores heróis requer liderança visionária, cultivo de uma cultura de heróis, reconhecimento e desenvolvimento contínuo dos talentos, comunicação inspiradora e empatia. O líder de vendas que adota essas práticas empodera a equipe, incentivando-os a agir com coragem, determinação e excelência em suas atividades comerciais. Ao transformar a equipe em um grupo de vendedores heróis, o líder impulsiona a produtividade e os resultados, alcançando novos patamares de sucesso e conquistando o mercado com uma equipe unida e motivada a superar qualquer desafio.

LIDERANDO COM EXEMPLO E MOTIVANDO A EQUIPE PARA O SUCESSO

A liderança é uma habilidade fundamental para inspirar e motivar uma equipe de vendedores em direção ao sucesso. Neste capítulo, exploraremos a importância de liderar com o exemplo, demonstrando coragem, resiliência e integridade, e como isso impacta positivamente o desempenho da equipe. Além disso, discutiremos estratégias para motivar os vendedores, incentivando-os a agirem como verdadeiros heróis nas vendas.

O poder do exemplo na liderança: um líder inspirador é aquele que pratica o que prega. Liderar com o exemplo significa estar alinhado com os valores da empresa, mostrando integridade, honestidade e comprometimento em todas as ações. O líder que vive os princípios que ensina ganha o respeito e a confiança da equipe, tornando-se um modelo a ser seguido.

Cultivando a confiança da equipe: a confiança é a base de uma equipe sólida e motivada. O líder deve demonstrar confiança na capacidade de cada vendedor, delegando responsabilidades e permitindo que assumam desafios. Ao mostrar confiança, o líder incentiva o crescimento profissional dos vendedores, permitindo que desenvolvam suas habilidades e se tornem heróis nas vendas.

Criando um ambiente de suporte: o líder deve criar um ambiente de suporte e encorajamento, onde os vendedores se sintam seguros para expressar suas ideias, fazer perguntas e compartilhar suas preocupações. Um ambiente positivo fortalece o sentimento de pertencimento à equipe e estimula a colaboração.

Reconhecendo e valorizando as conquistas: o reconhecimento é uma ferramenta poderosa para motivar a equipe. O líder deve reconhecer e valorizar as conquistas individuais e coletivas, elogiando o esforço e o desempenho dos vendedores. O reconhecimento público fortalece a autoestima dos vendedores, incentivando-os a buscarem constantemente a excelência em suas atividades.

Estabelecendo metas desafiadoras: o líder deve definir metas desafiadoras, porém realistas, para a equipe. Metas ambiciosas incentivam os vendedores a saírem de suas zonas de conforto, buscando novos desafios e alcançando resultados excepcionais. O líder deve apoiar e orientar a equipe na jornada para atingir essas metas, mostrando-se disponível para auxiliá-los em suas necessidades.

Promovendo o desenvolvimento profissional: um líder comprometido com o desenvolvimento de sua equipe investe em treinamentos, workshops e oportunidades de aprendizado. O líder deve incentivar os vendedores a buscarem constantemente o aprimoramento de suas habilidades, tornando-se cada vez mais preparados para enfrentar os desafios das vendas.

Compartilhando histórias de sucesso: as histórias de sucesso são fontes de inspiração para a equipe. O líder pode compartilhar histórias de vendedores que superaram obstáculos, conquistaram clientes importantes ou alcançaram resultados surpreendentes. Essas histórias motivam a equipe e mostram que o sucesso é alcançável com esforço e dedicação.

Incentivando a autonomia e a criatividade: o líder deve incentivar a autonomia e a criatividade dos vendedores, permitindo que tomem decisões e encontrem soluções inovadoras para os desafios do dia a dia. A liberdade para agir e a busca por soluções criativas empoderam os vendedores, tornando-os mais engajados e confiantes em suas atividades.

Sendo um mentor e coach: um líder verdadeiramente inspirador é também um mentor e coach para a equipe. O líder deve estar disponível para orientar, dar feedback construtivo e apoiar os vendedores em seu desenvolvimento profissional. O papel do líder como mentor é fundamental para o crescimento individual e coletivo da equipe.

Celebrando o trabalho em equipe: por fim, o líder deve valorizar o trabalho em equipe e celebrar as conquistas coletivas. Reconhecer a importância da colaboração e do apoio mútuo motiva os vendedores a unirem esforços em prol dos objetivos comuns.

Liderar com exemplo e motivar a equipe para o sucesso é uma combinação de atitudes e práticas que fortalecem a cultura empresarial e o desempenho da equipe de vendas. O líder inspirador é aquele que lidera pelo exemplo, cultivando a confiança da equipe, reconhecendo e valorizando as conquistas, estabelecendo metas desafiadoras, promovendo o desenvolvimento profissional e incentivando a autonomia e a criatividade. Com um líder inspirador à frente, a equipe se torna mais engajada, motivada e comprometida em agir como verdadeiros heróis nas vendas, alcançando resultados extraordinários e conquistando o sucesso de forma consistente.

CRIANDO UMA CULTURA DE EXCELÊNCIA NAS VENDAS

Uma cultura de excelência nas vendas é o alicerce para impulsionar a performance da equipe e alcançar resultados excepcionais de forma consistente. Neste capítulo, exploraremos a importância de criar uma cultura empresarial focada na busca pela excelência em todas as etapas do processo de vendas. Desde a contratação de novos vendedores até a celebração das conquistas, uma cultura de excelência permeia todas as ações da equipe, inspirando-os a agirem como verdadeiros heróis nas vendas.

Definindo a visão e os valores da cultura de excelência: o primeiro passo para criar uma cultura de excelência é definir a visão e os valores que nortearão as ações da equipe de vendas. A visão deve ser ambiciosa e inspiradora, mostrando o patamar de excelência que a equipe busca alcançar. Os valores devem refletir os princípios éticos e comportamentais que guiarão as decisões e atitudes dos vendedores.

Contratando os heróis certos: uma cultura de excelência começa na contratação. O líder de vendas deve buscar talentos que estejam alinhados com a visão e os valores da equipe, buscando vendedores comprometidos, resilientes e determinados a alcançar a excelência em suas atividades.

Estabelecendo metas desafiadoras: metas desafiadoras impulsionam a equipe a sair da zona de conforto e buscar constantemente a superação. O líder deve definir metas ambiciosas, porém realistas, que motivem os vendedores a darem o melhor de si em busca do sucesso.

Promovendo o aprendizado contínuo: uma cultura de excelência valoriza o aprendizado contínuo. O líder deve incentivar a participação em treinamentos, workshops e eventos que agreguem conhecimento e habilidades aos vendedores. Investir no desenvolvimento profissional fortalece a equipe e prepara-os para enfrentar desafios cada vez maiores.

Incentivando a colaboração e a troca de conhecimentos: o trabalho em equipe é essencial para uma cultura de excelência. O líder deve incentivar a colaboração entre os vendedores, promovendo a troca de conhecimentos e experiências. A colaboração fortalece a equipe, permitindo que cada membro contribua com suas habilidades únicas.

Valorizando o feedback e a melhoria contínua: uma cultura de excelência abraça o feedback como uma ferramenta valiosa para a melhoria contínua. O líder deve incentivar a prática do feedback construtivo, encorajando os vendedores a refletirem sobre seu desempenho e identificarem oportunidades de aprimoramento.

Reconhecendo e celebrando conquistas: o reconhecimento é uma peça-chave para fortalecer uma cultura de excelência. O líder deve valorizar as conquistas individuais e coletivas, celebrando os esforços e resultados alcançados. O reconhecimento público incentiva os vendedores a persistirem na busca pela excelência.

Estimulando a criatividade e a inovação: uma cultura de excelência encoraja a criatividade e a busca por soluções inovadoras. O líder deve estimular os vendedores a pensarem de forma criativa, buscando abordagens diferenciadas e estratégias inovadoras para conquistar clientes e superar desafios.

Mantendo o foco na satisfação do cliente: a excelência nas vendas está diretamente ligada à satisfação do cliente. O líder deve incentivar a equipe a manter o foco no cliente, compreendendo suas necessidades e oferecendo soluções que superem suas expectativas. Uma cultura voltada para a satisfação do cliente reforça o compromisso da equipe com a excelência em todas as interações.

Mantendo-se flexível e adaptável: uma cultura de excelência não é estática; ela deve ser flexível e adaptável às mudanças do mercado e das necessidades dos clientes. O líder deve encorajar a equipe a se adaptar rapidamente às transformações do cenário de vendas, buscando oportunidades e agindo de forma ágil para se destacar em meio à concorrência.

Encarando os desafios como oportunidades de crescimento: em uma cultura de excelência, os desafios são encarados como oportunidades de crescimento. O líder deve ajudar os vendedores a enfrentarem os obstáculos com determinação, aprendendo com as adversidades e buscando soluções para melhorar ainda mais seus resultados.

Cultivando o orgulho de pertencer à equipe: uma cultura de excelência desperta o orgulho dos vendedores em fazerem parte da equipe. O líder deve criar um ambiente positivo e acolhedor, onde os vendedores se sintam valorizados e motivados a contribuírem para o sucesso coletivo. O sentimento de pertencimento fortalece o engajamento da equipe e reforça o compromisso com a excelência.

Criar uma cultura de excelência nas vendas é um processo contínuo que envolve definir uma visão inspiradora, contratar os talentos certos, estabelecer metas desafiadoras, incentivar o aprendizado contínuo e a colaboração, valorizar o feedback e o reconhecimento, estimular a criatividade e a inovação, manter o foco na satisfação do cliente e ser adaptável às mudanças do mercado. Uma cultura de excelência fortalece a equipe, inspirando-os a agirem como verdadeiros heróis nas vendas, alcançando resultados extraordinários e conquistando o sucesso de forma consistente. Ao cultivar uma cultura de excelência, o líder cria um ambiente propício para o crescimento profissional e pessoal dos vendedores, construindo uma equipe unida e altamente motivada a enfrentar qualquer desafio com determinação, paixão e excelência.

O HERÓI VENDEDOR
DO FUTURO

O cenário de vendas está em constante evolução, impulsionado pelo avanço tecnológico, mudanças nas preferências do consumidor e novas tendências de mercado. Neste capítulo, exploraremos o perfil do "herói vendedor do futuro", aquele que se adapta às transformações do mundo moderno e utiliza as ferramentas disponíveis para se destacar como um verdadeiro campeão das vendas. Através de habilidades, mentalidade e estratégias inovadoras, o herói vendedor do futuro se torna um agente de mudança e sucesso em um mercado cada vez mais competitivo.

A mentalidade de crescimento: o herói vendedor do futuro adota uma mentalidade de crescimento, buscando sempre aprender e se desenvolver. Ele está aberto a novas ideias, tecnologias e tendências, buscando constantemente aprimorar suas habilidades e conhecimentos para se manter relevante em um ambiente dinâmico.

A inteligência emocional como diferencial: em um mundo cada vez mais conectado, a inteligência emocional se torna um diferencial competitivo para o Herói Vendedor do Futuro. Ele compreende a importância de desenvolver empatia, compreender as emoções dos clientes e colegas de equipe, e utiliza essa habilidade para criar conexões genuínas e duradouras.

Domínio das tecnologias emergentes: o herói vendedor do futuro entende que a tecnologia é uma aliada poderosa em suas vendas. Ele domina ferramentas de automação, análise de dados, inteligência artificial e outras tecnologias emergentes para aprimorar sua eficiência e precisão na identificação de oportunidades e atendimento das necessidades dos clientes.

A personalização como estratégia: em um mercado cada vez mais personalizado, o herói vendedor do futuro sabe que a abordagem "tamanho único" não é mais suficiente. Ele utiliza dados e informações para entender as preferências e necessidades individuais de cada cliente, criando experiências personalizadas e impactantes.

Sustentabilidade e responsabilidade social: o herói vendedor do futuro compreende a importância da sustentabilidade e da responsabilidade social nos negócios. Ele busca parcerias com empresas alinhadas aos valores éticos e ambientais, e utiliza práticas sustentáveis para conquistar a confiança dos clientes e construir uma reputação sólida.

Colaboração e trabalho em rede: o herói vendedor do futuro sabe que o trabalho em equipe e a colaboração são fundamentais para o sucesso. Ele busca parcerias estratégicas, troca de conhecimentos e compartilha boas práticas com colegas de outras áreas, criando uma rede de apoio e sinergia para alcançar resultados ainda mais impactantes.

Adaptabilidade e resiliência: em um mundo volátil e incerto, a adaptabilidade e a resiliência são essenciais para o herói vendedor do futuro. Ele enfrenta mudanças com coragem e flexibilidade, aprendendo com as adversidades e encontrando oportunidades em meio aos desafios.

Empreendedorismo e inovação: o herói vendedor do futuro é um empreendedor, capaz de identificar oportunidades de negócios e inovar em suas abordagens. Ele está disposto a experimentar novas estratégias e assumir riscos calculados para conquistar o sucesso.

Foco na experiência do cliente: o herói vendedor do futuro compreende que a experiência do cliente é a chave para a fidelização e o boca a boca positivo. Ele busca constantemente superar as expectativas do cliente, oferecendo um atendimento personalizado, ágil e encantador.

Visão de longo prazo: o herói vendedor do futuro tem uma visão de longo prazo, buscando construir relacionamentos duradouros e sustentáveis com os clientes. Ele compreende que a lealdade do cliente é conquistada ao longo do tempo, por meio de um atendimento consistente e genuíno.

O herói vendedor do futuro é um profissional adaptável, inovador e orientado para o cliente. Ele utiliza tecnologias emergentes, inteligência emocional e estratégias personalizadas para se destacar em um mercado cada vez mais competitivo. Além disso, ele compreende a importância da responsabilidade social, da colaboração e da sustentabilidade nos negócios. Com sua mentalidade de crescimento, foco na experiência do cliente e visão de longo prazo, o herói vendedor do futuro se torna um protagonista de sucesso no mundo das vendas, inspirando e impactando positivamente todos ao seu redor.

VISLUMBRANDO O POTENCIAL INFINITO DE CRESCIMENTO PROFISSIONAL E PESSOAL

No universo das vendas, assim como na vida, o potencial de crescimento é ilimitado. Neste capítulo, mergulharemos na jornada do herói vendedor em busca do seu pleno desenvolvimento, tanto no âmbito profissional quanto pessoal. Ao vislumbrar o potencial infinito que habita em cada vendedor, desvendaremos estratégias e mentalidades poderosas que impulsionam o alcance de patamares cada vez mais elevados, transformando-os em verdadeiros protagonistas de suas vidas e carreiras.

Acreditar no potencial interior: o ponto de partida para vislumbrar o potencial infinito é acreditar no poder interior. O herói vendedor reconhece que possui talentos e habilidades únicas, e compreende que o crescimento começa com a crença em si mesmo. Ele aprende a silenciar as vozes negativas, a superar a autocrítica e a cultivar uma autoconfiança sólida, alimentando uma mentalidade de sucesso.

Estabelecer metas audaciosas: o herói vendedor entende que o crescimento é uma jornada contínua e emocionante. Ele estabelece metas audaciosas e desafiadoras, que o incentivam a ir além dos seus limites e a explorar todo o seu potencial. Cada meta alcançada é celebrada como um passo em direção ao crescimento pessoal e profissional.

Persistência e resiliência: no caminho do crescimento infinito, o herói vendedor encontra obstáculos e desafios. A persistência e a resiliência são suas aliadas nessa jornada. Ele aprende a transformar as adversidades em oportunidades de aprendizado, mantendo-se firme diante das dificuldades e encontrando força para continuar avançando.

Buscar conhecimento constantemente: o conhecimento é um combustível poderoso para o crescimento. O herói vendedor busca constantemente novos aprendizados, seja através de livros, cursos, mentorias ou experiências práticas. Ele compreende que o aprendizado é uma porta para a expansão do seu potencial.

Abraçar a mudança e a inovação: o potencial infinito está intrinsecamente ligado à capacidade de abraçar a mudança e a inovação. O herói vendedor se mantém aberto a novas ideias, tendências e tecnologias, compreendendo que a adaptação é essencial para o seu crescimento contínuo.

Aprender com o fracasso: o fracasso é uma oportunidade de aprendizado valiosa no caminho do crescimento. O herói vendedor não teme o fracasso; ele o encara como um degrau para o sucesso. Aprende com seus erros, corrige o curso e utiliza essas experiências para se tornar mais forte e resiliente.

Cultivar relacionamentos significativos: o crescimento profissional e pessoal é impulsionado por relacionamentos significativos. O herói vendedor valoriza as conexões com colegas, mentores, clientes e familiares. Essas relações o fortalecem, proporcionando apoio, orientação e inspiração em sua jornada de crescimento.

Gerenciar o tempo com sabedoria: o potencial infinito só se realiza com uma administração sábia do tempo. O herói vendedor prioriza suas atividades, estabelecendo uma rotina produtiva que lhe permite investir em seu desenvolvimento profissional e pessoal.

Desafiar a zona de conforto: o crescimento está além dos limites da zona de conforto. O herói vendedor está disposto a enfrentar o desconforto e a experimentar novas situações. Ele compreende que é fora da zona de conforto que o crescimento acontece.

Cultivar a gratidão: a gratidão é uma força poderosa que impulsiona o crescimento do herói vendedor. Ele reconhece e agradece pelas oportunidades, conquistas e aprendizados em sua vida e carreira. A gratidão amplifica sua positividade e motivação para alcançar ainda mais.

Ao vislumbrar o potencial infinito de crescimento profissional e pessoal, o herói vendedor transcende as limitações impostas pelo passado e abre as asas para voar rumo a um futuro de possibilidades inexploradas. Ele compreende que a jornada do crescimento é contínua, e que cada passo dado é uma conquista significativa em sua busca incessante pela excelência. Cada vitória, cada aprendizado e cada evolução são tijolos que constroem o caminho para o ápice do seu potencial, transformando-o em um protagonista inspirador de sua própria história.

ABRAÇANDO A JORNADA CONTÍNUA DE AUTODESCOBERTA E APRIMORAMENTO

No universo das vendas, a jornada de sucesso é marcada por uma busca incessante de autodescoberta e aprimoramento. Neste capítulo, exploraremos a importância de abraçar essa jornada contínua, mergulhando profundamente em nosso interior para compreender nossas motivações, valores e paixões. Ao nos conhecermos melhor, desvendamos nossos pontos fortes e áreas de desenvolvimento, impulsionando nosso crescimento profissional e pessoal. A jornada de autodescoberta e aprimoramento é um convite para desvendar nossos potenciais mais profundos e tornar-nos heróis da nossa própria história.

Autoconhecimento (a base do crescimento): a jornada de autodescoberta começa com o autoconhecimento. O herói vendedor busca olhar para dentro de si mesmo com honestidade e autenticidade, reconhecendo suas virtudes, talentos, medos e limitações. Compreender quem somos e como nos relacionamos com o mundo é a base para construir uma jornada de crescimento significativa.

Despertando a consciência de si e dos outros: ao abraçar a jornada contínua de autodescoberta, o herói vendedor também desenvolve a consciência dos outros. Ele busca compreender as necessidades, desejos e perspectivas dos clientes, colegas e demais envolvidos em sua trajetória profissional. Essa habilidade de empatia fortalece suas conexões interpessoais e impacta positivamente nas suas vendas.

Aceitando o processo de aprendizagem: o herói vendedor compreende que o crescimento é um processo de aprendizagem contínua. Ele abraça os desafios como oportunidades de aprendizado e enxerga os erros como degraus para a evolução. A cada experiência, ele busca aprender e se aprimorar, mantendo uma postura humilde diante do conhecimento.

Flexibilidade e adaptação: na jornada de autodescoberta, o herói vendedor cultiva a flexibilidade e a capacidade de adaptação. Ele reconhece que mudanças são inevitáveis e está disposto a ajustar suas estratégias e abordagens conforme necessário. A flexibilidade permite-lhe fluir com as transformações do mercado e crescer com elas.

Definindo valores e propósito: para ser um verdadeiro protagonista de sua jornada, o herói vendedor define seus valores e propósito. Ele compreende que a definição clara de seus princípios norteadores o guiará em momentos de decisões difíceis, e que ter um propósito bem estabelecido o manterá motivado e comprometido com suas metas.

Aprendendo com a autorreflexão: a autorreflexão é uma aliada poderosa na jornada de autodescoberta. O herói vendedor dedica tempo para se observar e analisar suas ações, comportamentos e resultados. Essa prática permite-lhe identificar pontos a serem aprimorados e celebrar suas conquistas, impulsionando-o a alcançar um desempenho ainda mais excepcional.

Saindo da zona de conforto: para explorar plenamente o potencial de crescimento, o herói vendedor deve estar disposto a sair da zona de conforto. Ele abraça o desconhecido e enfrenta seus medos, sabendo que é fora da zona de conforto que ocorre o verdadeiro crescimento e inovação.

Desenvolvendo a resiliência: a jornada de autodescoberta nem sempre é fácil. O herói vendedor desenvolve a resiliência para lidar com as adversidades e os desafios que surgem em seu caminho. Ele encontra forças para superar as dificuldades, aprender com elas e seguir em frente com determinação.

Buscando o equilíbrio: na busca pelo autodescoberta e aprimoramento, o herói vendedor também compreende a importância do equilíbrio entre vida pessoal e profissional. Ele se esforça para conciliar suas responsabilidades e encontrar tempo para cuidar de si mesmo e de suas relações interpessoais.

Celebrando a jornada: a jornada de autodescoberta e aprimoramento é uma jornada de crescimento constante e transformação. O herói vendedor celebra cada passo dado em direção ao seu desenvolvimento pessoal e profissional. Ele reconhece que, a cada dia, se torna um ser humano mais completo e capacitado a alcançar suas metas.

Ao abraçar a jornada contínua de autodescoberta e aprimoramento, o herói vendedor embarca em uma trajetória de crescimento profundo e significativo. Ele se torna consciente de seu potencial infinito, desenvolve habilidades essenciais e utiliza seu autoconhecimento para criar conexões genuínas com clientes e colegas. A jornada é transformadora, revelando o verdadeiro herói que existe em cada um de nós. Neste capítulo, encorajamos o herói vendedor a se comprometer com essa jornada contínua, permitindo-se desvendar as camadas mais profundas de si mesmo e se tornando o protagonista de uma história de sucesso, crescimento e realizações.

FERRAMENTAS PRÁTICAS DO HERÓI VENDEDOR

Neste apêndice, reunimos um conjunto de ferramentas práticas para que o herói vendedor possa potencializar suas habilidades e impulsionar ainda mais sua performance no universo das vendas. Essas ferramentas foram projetadas para serem aplicadas no dia a dia, auxiliando-o a conquistar resultados excepcionais e a se destacar como um verdadeiro protagonista em suas negociações. Desde técnicas de persuasão até estratégias de gerenciamento de tempo, cada ferramenta tem o objetivo de capacitar o herói vendedor a enfrentar os desafios e alcançar o sucesso de forma consistente e inspiradora.

Roteiro de abordagem personalizado: um roteiro de abordagem bem elaborado é uma das ferramentas mais poderosas do herói vendedor. Ele cria um guia personalizado para iniciar conversas com clientes potenciais, garantindo que cada interação seja relevante, envolvente e eficaz. O roteiro deve ser adaptável, permitindo que o herói vendedor se ajuste conforme o perfil do cliente e a natureza da negociação.

Técnicas de escuta ativa: a escuta ativa é uma habilidade fundamental para o herói vendedor. Ela envolve ouvir o cliente com atenção plena, compreendendo suas necessidades, desejos e preocupações. Utilizando técnicas de escuta ativa, o herói vendedor mostra empatia, ganha a confiança do cliente e identifica oportunidades para oferecer soluções personalizadas.

Matriz de objeções e respostas: o herói vendedor antecipa objeções comuns que podem surgir durante o processo de vendas e cria uma matriz de respostas assertivas e persuasivas. Essa ferramenta permite-lhe estar preparado para contornar objeções e fornecer argumentos convincentes para convencer o cliente a tomar decisões favoráveis.

Plano de acompanhamento de clientes: um plano de

acompanhamento estruturado é essencial para manter um relacionamento duradouro com os clientes. O herói vendedor cria um cronograma de contatos e interações, garantindo que nenhum cliente seja negligenciado e que ele esteja sempre presente para atender às suas necessidades.

Calendário de autodesenvolvimento: para o herói vendedor, o autodesenvolvimento é uma prioridade constante. Ele cria um calendário para dedicar tempo regularmente ao aprendizado, seja por meio da leitura de livros, participação em cursos ou treinamentos. Esse calendário é essencial para aprimorar constantemente suas habilidades e conhecimentos.

Estratégias de pós-venda: o relacionamento com o cliente não termina após a venda. O herói vendedor desenvolve estratégias de pós-venda para fomentar o engajamento contínuo e o feedback dos clientes. Essas estratégias incluem a coleta de depoimentos e avaliações, além de oferecer suporte contínuo para garantir a satisfação do cliente.

Plano de gerenciamento de tempo: o gerenciamento eficiente do tempo é uma ferramenta indispensável para o herói vendedor. Ele cria um plano detalhado para priorizar tarefas, estabelecer metas diárias e garantir que cada minuto seja utilizado de forma produtiva. O plano de gerenciamento de tempo permite-lhe focar em atividades que geram resultados significativos em suas vendas.

Networking estratégico: o herói vendedor entende o valor do networking e constrói uma rede de contatos estratégica. Ele participa de eventos do setor, faz parcerias com outros profissionais e se envolve em grupos de discussão relevantes. O networking estratégico amplia suas oportunidades de negócio e o mantém conectado ao mercado.

Indicadores de desempenho: para acompanhar seu progresso e resultados, o herói vendedor utiliza indicadores de desempenho específicos. Esses indicadores incluem metas de vendas, taxa de conversão, ticket médio e outros KPIs relevantes. Ao monitorar esses indicadores, ele pode identificar áreas de melhoria e celebrar suas conquistas.

Mindset de crescimento: o mindset de crescimento é a base para a aplicação de todas as ferramentas do herói vendedor. Ele cultiva uma mentalidade positiva e resiliente, encarando desafios como oportunidades de aprendizado e crescimento. Esse mindset impulsiona sua motivação, sua determinação e sua capacidade de alcançar resultados excepcionais.

Ao utilizar essas ferramentas práticas do herói vendedor, o profissional se torna um mestre das vendas, capaz de enfrentar os desafios do mercado com confiança e excelência. Cada ferramenta é um recurso valioso para aprimorar suas habilidades, desenvolver relacionamentos genuínos e se destacar como um verdadeiro líder nas vendas. O herói vendedor compreende que, com as ferramentas certas em mãos, ele está preparado para conquistar o sucesso de forma consistente, transformando-se em um agente de mudança e inspiração em sua jornada profissional. Aplique essas ferramentas com dedicação e compromisso, e torne-se um verdadeiro herói vendedor, pronto para enfrentar qualquer desafio e alcançar resultados extraordinários.

CHECKLIST PARA UM DISCURSO DE VENDAS PODEROSO

Um discurso de vendas poderoso é a arma secreta do herói vendedor para conquistar a atenção, despertar o interesse e fechar negócios de forma persuasiva. Neste capítulo, apresentamos um checklist abrangente para que o herói vendedor possa criar e aprimorar seu discurso de vendas, garantindo que ele seja envolvente, persuasivo e eficaz. Cada elemento do checklist é projetado para ajudar o herói vendedor a transmitir sua mensagem com clareza, conectando-se profundamente com os clientes e inspirando-os a agir.

Conheça seu público: antes de criar um discurso de vendas, o herói vendedor deve conhecer profundamente seu público-alvo. Pesquise e compreenda as necessidades, desejos, dores e aspirações dos clientes potenciais. Quanto mais o discurso for personalizado, maior será a conexão com o público.

Defina o objetivo: o discurso de vendas deve ter um objetivo claro e específico. O herói vendedor deve decidir qual ação deseja que o cliente tome após ouvir o discurso, seja fechar uma venda, agendar uma reunião ou fazer uma demonstração.

Comece com um gancho poderoso: capte a atenção do público desde o início com um gancho poderoso. Pode ser uma pergunta intrigante, uma estatística impactante ou uma história envolvente que desperte o interesse e prenda a atenção do ouvinte.

Conte uma história: as histórias têm o poder de emocionar, inspirar e conectar. O herói vendedor pode incorporar histórias relevantes e envolventes ao seu discurso para ilustrar o valor do produto ou serviço oferecido e criar uma conexão emocional com o cliente.

Destaque os benefícios: enfatize os benefícios do produto ou serviço, focando nos resultados positivos que o cliente obterá ao adquiri-lo. O herói vendedor deve destacar como seu produto ou serviço resolverá os problemas e atenderá às necessidades do cliente.

Apresente provas sociais: provas sociais, como depoimentos de clientes satisfeitos, avaliações positivas e casos de sucesso, são poderosas para construir a confiança do cliente em relação ao que está sendo oferecido. Utilize essas evidências para respaldar as afirmações feitas no discurso.

Utilize linguagem persuasiva: escolha palavras e frases persuasivas que despertem o interesse e incentivem o cliente a agir. Use termos como "exclusivo", "benefício imediato", "garantia de satisfação" para criar um senso de urgência e importância.

Mostre empatia: demonstre empatia ao abordar as preocupações e objeções do cliente. O herói vendedor deve ouvir com atenção e responder com compreensão, garantindo que o cliente se sinta valorizado e respeitado.

Ofereça soluções personalizadas: personalize o discurso para atender às necessidades específicas de cada cliente. Mostre que o herói vendedor entende as demandas individuais e está pronto para oferecer soluções sob medida.

Faça um chamado à ação: encerre o discurso com um chamado à ação claro e convincente. O herói vendedor deve orientar o cliente sobre o próximo passo a ser dado, seja preencher um formulário, agendar uma demonstração ou efetuar uma compra.

Pratique, pratique, pratique: a prática é essencial para aprimorar o discurso de vendas. O herói vendedor deve praticar seu discurso várias vezes, seja sozinho, para colegas de equipe ou em frente ao espelho, até que ele flua naturalmente e transmita confiança.

Solicite feedback: busque feedback de colegas de equipe ou mentores sobre o discurso de vendas. Eles podem oferecer insights valiosos e ajudar a identificar áreas de melhoria.

Adapte-se ao feedback: esteja aberto a sugestões e feedback construtivo. O herói vendedor deve estar disposto a fazer ajustes no discurso para torná-lo mais impactante e persuasivo.

Mantenha-se autêntico: o discurso de vendas deve refletir a personalidade e os valores do herói vendedor. É importante ser autêntico e genuíno ao apresentar o produto ou serviço aos clientes.

Ao seguir esse checklist, o herói vendedor estará pronto para criar um discurso de vendas poderoso e eficaz, capaz de conquistar a confiança do cliente, superar objeções e impulsionar o sucesso nas negociações. Lembre-se de que a prática constante e a busca contínua pela excelência são fundamentais para aprimorar o discurso ao longo do tempo. Com dedicação, empatia e uma abordagem personalizada, o herói vendedor inspira os clientes e alcança resultados extraordinários em sua jornada no mundo das vendas.

EXERCÍCIOS PARA FORTALECER A MENTALIDADE HEROICA

A mentalidade heroica é a base para o sucesso e o crescimento contínuo do Herói Vendedor. Neste capítulo, apresentaremos uma série de exercícios poderosos que foram projetados para fortalecer a mentalidade heroica, impulsionando a confiança, a resiliência e a determinação do profissional de vendas. Esses exercícios podem ser incorporados à rotina diária do herói vendedor, permitindo-lhe enfrentar desafios com coragem e alcançar resultados excepcionais.

Diário de gratidão: crie o hábito de manter um diário de gratidão, no qual o Herói Vendedor anota diariamente pelo menos três coisas pelas quais é grato. Essa prática simples ajuda a cultivar uma mentalidade positiva, focando no que está dando certo e no que é valorizado.

Visualização de objetivos: tire alguns minutos diariamente para visualizar seus objetivos de vendas sendo alcançados. Imagine-se fechando negócios, atendendo às necessidades dos clientes e superando metas. A visualização ajuda a fortalecer a crença na própria capacidade de sucesso.

Afirmações positivas: crie afirmações positivas e poderosas relacionadas ao desempenho em vendas. Repita essas afirmações diariamente, como por exemplo: "Eu sou um herói vendedor, capaz de conquistar grandes negócios e relacionamentos duradouros."

Desafie-se regularmente: para fortalecer a mentalidade heroica, é fundamental enfrentar desafios que levem o herói vendedor além de sua zona de conforto. Estabeleça metas ambiciosas e vá atrás delas, mesmo que isso signifique assumir riscos calculados.

Ressignifique fracassos: em vez de encarar fracassos como derrotas, veja-os como oportunidades de aprendizado e crescimento. Analise as lições que podem ser extraídas de cada experiência e aplique esse conhecimento para melhorar futuras abordagens.

Encontre um mentor: busque um mentor ou colega experiente que possa oferecer orientação e apoio em sua jornada. Trocar ideias com alguém que já passou por desafios semelhantes pode ser inestimável para o crescimento pessoal e profissional.

Leia livros inspiradores: a leitura de livros inspiradores e motivacionais pode nutrir a mentalidade heroica. Procure livros de autores que compartilhem histórias de superação e sucesso no mundo das vendas.

Faça meditação e exercícios de respiração: pratique meditação e exercícios de respiração para acalmar a mente, reduzir o estresse e aumentar a clareza mental. Isso ajuda o herói vendedor a manter o foco no presente e a tomar decisões conscientes.

Aprenda com a adversidade: em vez de se sentir derrotado diante de desafios, procure aprender com a adversidade. Analise o que funcionou e o que não funcionou, identificando oportunidades de aprimoramento.

Mantenha-se conectado: compartilhe suas experiências com outros vendedores e participe de grupos de discussão ou fóruns online. A troca de ideias e a conexão com colegas de profissão são valiosas para enriquecer a mentalidade heroica.

Celebre suas conquistas: ao conquistar metas e alcançar sucesso nas vendas, celebre suas conquistas. Reconheça seus esforços e recompense-se por cada vitória, por menor que seja.

Pratique a autocompaixão: permita-se cometer erros e reconheça que ninguém é perfeito. Pratique a autocompaixão e seja gentil consigo mesmo em momentos de dificuldade.

Desenvolva a resiliência: fortaleça sua resiliência ao enfrentar contratempos. Encare-os como oportunidades de aprendizado e use-os como trampolim para o crescimento.

Faça uma avaliação regular: revise periodicamente suas metas e progresso. Faça uma avaliação honesta de seu desempenho e identifique áreas para melhorar.

Ao incorporar esses exercícios à rotina, o herói vendedor se fortalece emocionalmente e psicologicamente, preparando-se para enfrentar os desafios e alcançar o sucesso nas vendas. A mentalidade heroica é uma fonte inesgotável de inspiração e motivação para superar obstáculos e alcançar objetivos cada vez mais audaciosos. Ao abraçar essa mentalidade, o herói vendedor trilha o caminho para um crescimento pessoal e profissional contínuo, tornando-se um verdadeiro líder no universo das vendas e inspirando outros a seguirem o mesmo caminho.

REGINALDO OSNILDO

Sou Reginaldo Osnildo, seu especialista em estratégias de comunicação e mentor na jornada rumo ao sucesso digital.

Com uma carreira enraizada na academia, como professor e pesquisador na Universidade do Sul de Santa Catarina, e uma trajetória prática como estrategista no Grupo Catarinense de Rádios, desenvolvi um conjunto único de habilidades. Meu doutorado especializado em narrativas de vendas e convergência digital, junto ao mestrado focado em storytelling e imaginário social, me permite criar estratégias que transformam negócios.

O que eu ofereço?

- Estratégias de comunicação personalizadas que ressoam com seu público-alvo.

- Técnicas avançadas de storytelling para fortalecer sua marca.

- Insights atualizados sobre tendências digitais para manter sua empresa à frente.

Agora, imagine sua empresa estabelecendo uma presença autêntica e poderosa no mercado, alcançando resultados que você nunca pensou serem possíveis. Eu estou aqui para tornar isso realidade.

Seu momento de agir é agora! O mundo digital não espera. Cada dia é uma nova chance para avançar, para se destacar. Está pronto para levar sua empresa ao topo? Não deixe esta oportunidade escapar.

Entre em contato e vamos juntos desbravar o caminho para o sucesso digital. Estou apenas a uma ligação ou um e-mail de distância.

Atenciosamente

Prof. Dr. Reginaldo Osnildo

+55 48 991913865

reginaldoosnildo@gmail.com